KLEINE HUIZEN
PETITES MAISONS
SMALL HOUSES

KLEINE HUIZEN
PETITES MAISONS
SMALL HOUSES

EVErGrEEn

© 2006 Librero b.v. (Nederlandstalige editie)

Postbus 72, 5330 AB Kerkdriel

WWW.LIBRERO.NL

Coördinator Editrice Editor:
Simone Schleifer

Nederlandse vertaling Traduction hollandaise Dutch translation:
Marry Assenberg voor Textcase, Hilversum

Franse vertaling Traduction française French translation:
Marion Westerhoff

Engelse redactie Relecture anglaise English proof reading:
Matthew Clarke

Art director Direction artistique Art director:
Mireia Casanovas Soley

Grafisch ontwerp en lay-out Mise en page et maquette Graphic design and layout:
Diego González

Gedrukt door Imprimé en Printed by:
Artes Gráficas Toledo, S.A.U., Spain

ISBN: 90-5764-605-6

Het kleine huis is in de architectuur een terugkerend thema, hetzij als academische oefening, hetzij als spontaan antwoord op de menselijke basisbehoefte aan beschutting. Voorbeelden ervan variëren van inheemse, Amerikaanse tenten tot het moderne architectuurpark Kolonihaven in Denemarken. Het laatste heeft gediend als theoretisch kader voor de ideeën over de esthetiek van kleine huisjes.

Het ontwerp van een klein huis brengt een aantal problemen met zich mee. Zo moeten vorm en functie worden aangepast aan het constructiesysteem en de technische definities. Een en ander kan dus resulteren in uiterst precieze en efficiënte structuren.

De basisfuncties van het huis moeten zo eenvoudig mogelijk zijn. Om de te gebruiken ruimte zo groot mogelijk te houden, is het vaak nodig om multifunctionele mechanismen of onderdelen te gebruiken. Formeel moet een klein huis op een rationeel ontwerp gebaseerd zijn. Zuivere, meestal rechthoekige, vormen zijn het beste, en binnenin genieten open ruimten de voorkeur boven met muren gemaakte afscheidingen. Door hun afmetingen – vaak budget gerelateerd – hebben kleine huizen doorgaans een lichte basisstructuur. Deze is meestal gebaseerd op houten frames of dunne, metalen onderdelen, waardoor het bouwwerk ook gemakkelijk op afgelegen of ontoegankelijke stukken land kan worden gezet. Deze huizen kunnen ingenieuze elementen bevatten, zoals vouwtafels, hangende bedden, doorzichtige panelen en zeer efficiënte opbergruimten.

Architecten beschikken tegenwoordig over zeer kleine materialen die weinig ruimte in beslag nemen. Zo zijn er metalen onderdeeltjes die dienen als constructiesysteem, triplex systemen waarmee oppervlakken worden afgedekt en zeer dichte, maar fijne isolatiematerialen. Met behulp van de moderne technologie kan een architect tegenwoordig aan alle eisen voldoen en efficiënte en kwalitatief goede constructies leveren. Het resultaat bestaat uit ruimten waarvan de creativiteit of geavanceerde ontwerpen niet ten koste zijn gegaan van hun kleinheid.

Deze verzameling van 25 projecten bevat praktische, hedendaagse voorbeelden, die laten zien dat er ontelbare architectonische oplossingen zijn voor huizen van minimale grootte.

Le concept de petite maison est un thème architectural récurrent, sous forme d'exercice académique ou de réponse vernaculaire au besoin humain primordial de s'abriter. L'éventail des exemples s'étend des tentes des natifs américains au parc d'architecture contemporaine de Kolonihaven au Danemark, utilisé comme cadre théorique dans la conception esthétique de petites habitations. Le design d'une maison minimaliste doit résoudre toute une série de problèmes, dans un souci d'harmoniser la fonction et la forme aux structures et aux définitions techniques. La résolution de ces problèmes dans une construction aux proportions minimales peut aboutir à des structures extrêmement précises et efficaces.

Les fonctions essentielles de la maison doivent viser à simplifier la tâche au maximum. Pour optimiser l'espace utilisable, il faut souvent avoir recours à des mécanismes ou à des éléments aux fonctions polyvalentes. Sur le plan formel, la maison minimaliste repose sur un concept très rationnel. Les formes épurées, généralement orthogonales sont idéales. A l'intérieur, on élimine les murs, autant que possible, pour favoriser les espaces continus polyvalents. De par leurs dimensions – souvent liées au budget – les maisons minimalistes utilisent en général un système simple, de structure légère souvent constituée de châssis en bois ou de fines cloisons de métal, facilitant la construction de la maison sur des terrains isolés ou inaccessibles. Ces maisons cachent souvent des systèmes ingénieux, sous forme de tables pliantes, lits-mezzanine, cloisons translucides et zones de rangement astucieuses.

A l'instar même des machines modernes munies de micro puces stockant un grand nombre de données, les architectes disposent de nos jours de matériaux extrêmement minces, se substituant à leurs prédécesseurs plus volumineux : éléments en matériaux légers servant de structures, formes en contreplaqué pour parachever les surfaces, matériaux compacts mais légers pour l'isolation thermique et acoustique. De nos jours, grâce à la technologie de pointe la plus récente, l'architecte moderne peut réaliser un produit de grande qualité, répondant aux critères et exigences actuels. Ceci se reflète dans ces espaces qui ne sacrifient pas un iota de leur richesse créative ou de leur design sublime sur l'autel du minimalisme.

Cette collection, riche de 25 projets, est un éventail d'exemples pratiques, contemporains, proposant d'innombrables solutions architecturales permettant de créer des maisons dans un espace minimal.

The small house has been a recurring theme in architecture, whether as an academic exercise or as a spontaneous vernacular response to man's basic need for shelter. Examples range from Native American tents to the Kolonihaven contemporary architecture park in Denmark, which has served as a theoretical framework for esthetic thought on small homes. The design of a minimal house has to tackle a wide range of problems, and adapt both form and function to the structural system and technical definitions. The resolution of these problems in a building of small proportions can result in highly precise and efficient structures.

The basic functions of the house have to be established to simplify the task as much as possible. In order to optimize the usable space, it is often necessary to resort to mechanisms or components that serve two or more functions at the same time. From a formal standpoint, the minimal house must be based on a very rational plan. Pure shapes, generally orthogonal, adapt best, and inside, divisions created by walls are avoided as much as possible, in favor of open, continuous spaces containing most of the functions. Due to their proportions – often related to the budget – minimal houses tend to use a basic, light structural system, generally based on wooden frames or thin metal sections, which also make the building easy to construct on isolated or inaccessible plots of land. These homes can hide ingenious elements inside, such as folding tables, hanging beds, translucent panels, and highly efficient storage areas.

Just as modern machines have microchips that hold vast amounts of data, architects now have very thin materials to replace others that took up a great deal more space. There include thin metal sections that serve as structural systems; plywood systems that provide the final finish for surfaces; and very dense but extremely fine materials that provide thermal and acoustic insulation. This means that the modern architect can cater to today's requirements by producing a high-quality, efficient structure with the help of the latest technology. This is reflected in spaces that do not sacrifice one iota of their abundant creativity and sophisticated design to their minimal size.

This collection of 25 projects includes practical, contemporary examples that demonstrate the countless architectural solutions available for houses with minimal space.

KLEINE HUIZEN
PETITES MAISONS
SMALL HOUSES

☐ Wengerhuis
Maison Wenger
Wenger House

Heidi and Peter Wenger

Dit kleine vakantiehuisje, bedoeld voor korte verblijven in de bergen, ligt op een hoogte van 2.000 meter. Het raamwerk, dat een eenvoudige constructie van schuin aflopende balken is, is bepalend voor de binnenkant van het huisje en heeft dezelfde vorm als de traditionele huizen in de regio. Voor zowel de constructie-onderdelen als de afwerking in het huis is hoofdzakelijk hout gebruikt. De basisindeling bestaat uit één ruimte waarin twee verdiepingen zijn gemaakt. De begane grond bevat de keuken, woon- en eetkamer, terwijl de zolderverdieping, die met een wenteltrap bereikbaar is, als slaapkamer dient. Als het huis bewoond wordt, wordt de houten gevel op het westen geopend. Zo ontstaat een balkon dat verder reikt dan het keukenblok en de driehoekige deuren in de buitenmuur en dat de ruimte werkelijk multifunctioneel maakt. Alle onderdelen zijn met veel zorg ontworpen, zodat een kleinschalig mechanisch object is ontstaan dat met grote precisie functioneert.

Située à une altitude de 2.000 mètres dans les Alpes suisses, cette maison minuscule a été conçue comme un endroit pour courts séjours en montagne. La structure, un système simple de poutres inclinées qui définit l'espace intérieur, épouse la forme de la toiture des maisons traditionnelles de la région. La matière première, le bois, est utilisée à la fois pour les éléments de la structure et pour les finitions intérieures. Le plan de base comprend deux étages et un seul espace. Le niveau inférieur héberge le salon, la salle à manger et la cuisine. Le niveau supérieur, style mansarde, relié à l'étage inférieur par un escalier en colimaçon, abrite la chambre à coucher. Quant la maison est habitée, la façade ouest, qui est aussi une plate-forme de bois, s'ouvre complètement pour former un balcon qui agrandit la cuisine et les portes triangulaires dans le mur extérieur, créant un espace véritablement polyvalent. Tous les éléments ont été étudiés avec le plus grand soin pour créer un mécanisme à petite échelle qui fonctionne avec une précision d'horloger.

Situated at an altitude of 6,500 feet in the Swiss Alps, this tiny vacation home was designed as a place to spend short periods in the mountains. The framework, a simple system of sloping beams, marks the interior space and has the same shape as the roofs of the region's traditional houses. The primary material, wood, is used for both the structural elements and the interior finishings and the basic layout consists of two floors and a single space. The lower level contains the living room, dining room, and kitchen, while the upper, attic-style level, joined to the lower level by a spiral staircase, consists of the bedroom. When the house is occupied, the western façade, which is also a wooden platform, opens completely to create a balcony that extends the kitchen cabinets and the triangular doors in the outer wall, making the space truly multifunctional. Special care was taken with all the components to create a small-scale mechanical object that functions with great precision.

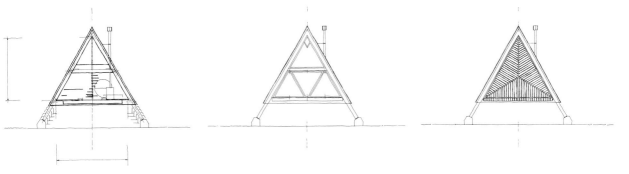

warsdoorsnede Section transversale Cross section · Verhogingen Élévations Elevations

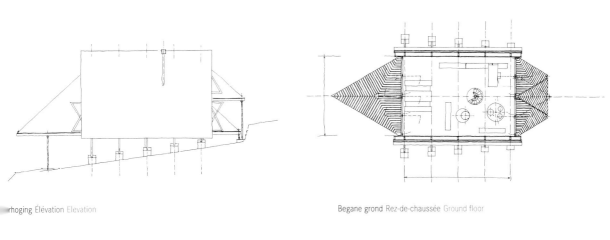

rhoging Élévation Elevation · Begane grond Rez-de-chaussée Ground floor

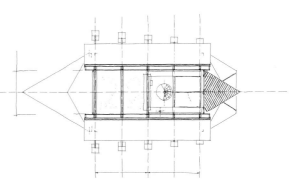

gtedoorsnede Section longitudinale Longitudinal section · Eerste verdieping Premier étage First floor

Om de minimale ruimte optimaal te gebruiken, kunnen onderdelen als het keukenblok worden geopend en dichtgedaan.

Pour optimiser l'intérieur minimaliste, certains éléments, à l'instar du bloc cuisine peuvent être ouverts ou fermés.

o make the most of the minimal interior space, elements such as the kitchen unit can be opened and closed.

De simpele vorm van het huis en het gebruik van hout als hoofdmateriaal weerspiegelen de traditionele alpine-architectuur.

Le concept de base du design de la maison et l'emploi du bois, reflètent l'architecture alpine traditionnelle.

The basic shape of the house's design and the use of wood as the primary material reflect traditional Alpine architecture.

] t uitklapbare balkon aan de westelijke gevel en de driehoekige tuimelramen zorgen voor een rijke compositie van nevengeschikte vlakken.

balcon pliable sur la façade ouest et les fenêtres triangulaires pivotantes créent une intéressante composition de plans juxtaposés.

e fold-out balcony on the western façade and the triangular pivoting windows create a rich composition of juxtaposed planes.

Stein Fleischmann-huis
Maison Stein Fleischmann
Stein-Fleischmann House

Jacques Moussafir/Moussafir Architectes Associés

Voor een jong stel met twee kinderen bouwde de internationaal bekende architect Jacques Moussafir dit huisje in Parijs. De woning bestaat uit twee delen: een kubusvormig paviljoen dat parallel aan de straat ligt, en een vleugel die het aan het voorste gedeelte verbindt. De kleurrijke begane grond wordt begrensd door tuin, terwijl door het hele huis een reep licht valt die naar buiten leidt. Op de bovenste verdieping wordt een grote, witte ruimte waarin veel licht schijnt, door strakke vormen bepaald. Zeven grote vensters geven een gefragmenteerd uitzicht dat wordt verstoord door de scheve, verticale aanblikken van de silhouetten van naburige gebouwen. De architect vergeleek het uitzicht vanuit het huis met het effect van het zicht door een caleidoscoop, die de triviale omgeving verandert in een collage van verheerlijkte werkelijkheid.

Cette petite maison, située près de Paris, a été construite par l'architecte Jacques Moussafir, de renommée internationale, pour un jeune couple et ses trois enfants. La résidence présente deux parties : un pavillon en forme de cube, parallèle à la rue et une aile qui le relie à l'édifice principal. Le rez-de-chaussée, très coloré, se prolonge au ras du jardin et l'ensemble de la maison est traversé par un axe de lumière dirigé vers l'extérieur. A l'étage supérieur, un vaste espace, inondé de lumière, est placé sous le signe d'une géométrie des plus strictes. Sept fenêtres larges, à l'instar de tableaux, créent des vues fragmentées, interrompues par les vues obliques et verticales des silhouettes des bâtiments environnants. L'architecte a comparé les vues depuis la maison, à l'effet produit par un kaléidoscope, transformant la banalité des environs en un collage surréaliste.

This small house, situated near Paris, was built by the internationally renowned architect Jacques Moussafir for a young couple and their two children. The residence consists of two parts: a cube-shape pavilion that runs parallel to the street and a wing that connects it to the front building. The colorful ground floor is defined by the limits of the garden, while the whole house is crossed by an axis of light leading to the exterior. On the upper level, a large, white space flooded with light is governed by a strict geometry. Seven large picture windows provide fragmented views, disrupted by the oblique, vertical views of the neighboring buildings' silhouettes. The architect compared the views from the house with the effect of looking through a kaleidoscope, which transforms the banal surroundings into a collage of transfigured reality.

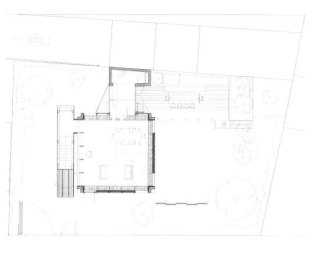

Ontwerp Plan Plan

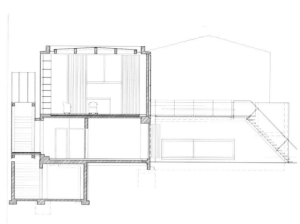

Doorsnede Section Section

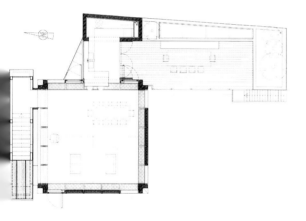

erste verdieping Premier étage First floor

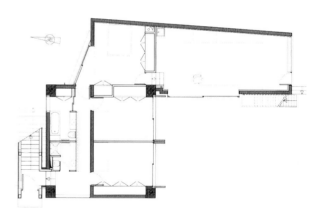

Begane grond Rez-de-chaussée Ground floor

t huis bestaat uit twee delen: een kubusvormig paviljoen dat parallel loopt aan de straat, en een vleugel die het verbindt aan het voorste gebouw.

maison est en deux parties : un pavillon en forme de cube, parallèle à la rue et une aile qui lui est relié.

e house is made up of two parts: a cube-shape pavilion that runs parallel to the street and a wing that connects it to the front building.

Een doorzichtige scheidingswand dient tegelijkertijd als reusachtige boekenkast en opbergruimte, terwijl het zonlicht van buiten naar binnen komt.

Une cloison translucide fait office d'immense bibliothèque et d'espace de rangement, tout en laissant passer la lumière naturelle vers l'intérieur.

A translucent partition wall serves as a enormous bookshelf and storage space, while allowing natural light to flow in from the exterior.

Doddshuis
Maison de Dodds
Dodds House

Engelen Moore

Dit huisje staat in een buitenwijk van Sydney waar zowel woningen als industrieën staan. De afmetingen van het huis worden bepaald door de standaardafmetingen van de panelen die het bedekken. Het gelijkvormige uiterlijk is nog eens versterkt door alle buitenelementen dezelfde zilvertint te geven. Binnen zijn er haast geen tussenmuren. De woonkamer van twee verdiepingen – waaronder een zoldertje om op te slapen – geeft een gevoel van transparantie en ruimte. Dankzij de glazen schuifdeuren, die naar een overdekte patio op het noorden leiden, kan de ruimte vergroot worden. Andere deuren, geplaatst in een rechte hoek met de schuifdeuren, openen naar het oosten, waar een langwerpig zwembad het huis afscheidt van de bestaande, gemeenschappelijke muur. Het originele metselwerk is van hieraf te zien. De twee verdiepingen zijn met elkaar verbonden door een bladmetalen trap die wordt ondersteund door een geel blok.

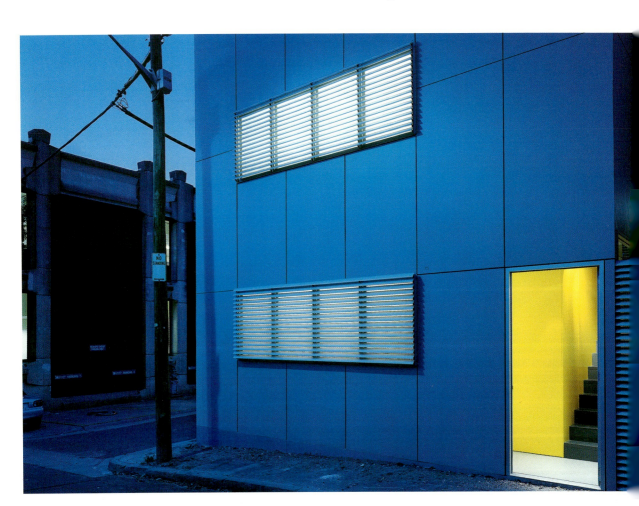

Cette petite maison est située dans la banlieue de Sydney, dans un voisinage où se mêlent complexes résidentiels et bâtiments industriels. Toutes les dimensions de la maison découlent des mesures standards des panneaux qui en recouvrent toute la superficie. Cette apparence d'unité compacte est renforcée par le revêtement argent peint sur tous les extérieurs, conférant ainsi à tous les matériaux le même fini. A l'intérieur, le volume est presque entièrement ouvert. Le salon sur deux étages —intégrant un petit loft pour dormir— dégage une sensation de transparence et d'espace, accentuée par des portes en verre coulissantes qui s'ouvrent au nord sur un patio intérieur. D'autres portes, placées à angle droit des portes coulissantes, s'ouvrent vers l'est où une piscine tout en longueur sépare la maison de la cloison préexistante, rehaussant sa maçonnerie de briques. Un escalier en lattes de métal, soutenu par un seul bloc jaune, relie les deux niveaux entre eux.

This small house is located in the suburbs of Sydney, in a mixed neighborhood of residential complexes and industrial buildings. All of the house's dimensions are determined by the standard measurements of the panels covering its entire surface. The unified, solid appearance was reinforced by painting all the exterior elements the same silver color, thus giving all the materials the same finish. Inside, the layout is almost completely open-plan. A two-story living room - which includes a small loft for sleeping - provides a sense of transparency and spaciousness. The space extends even further, through the sliding glass doors that open onto an interior patio on the north side. Other doors, at right angles to the sliding doors, open to the east, where a long pool separates the house from the preexisting party wall, with its original brickwork exposed to view. The two levels are connected by sheet-metal stairs supported by a continuous yellow block.

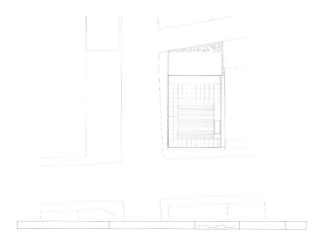

Ontwerp Plan Plan

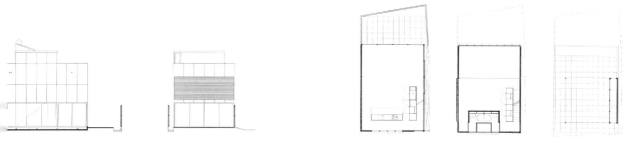

gtedoorsnede Section longitudinale Longitudinal section

Ontwerpen Plans Plans

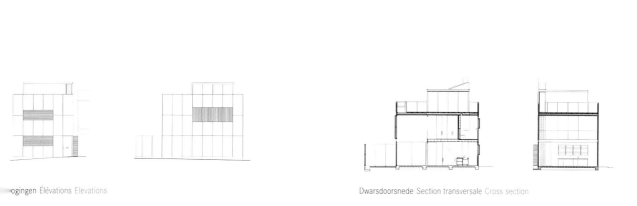

ogingen Élévations Elevations

Dwarsdoorsnede Section transversale Cross section

e gehele buitenkant van het huis is bedekt met aluminium panelen. Hierdoor heeft het huis iets van een fabriek, maar straalt het tegelijkertijd heel subtiel iets verfijnds uit.

e minces panneaux d'aluminium habillent toute la surface extérieure de l'édifice, lui conférant des allures de bâtiment industriel, doté d'une subtile élégance.

hin aluminum panels cover the building's entire outer surface, giving the house an industrial image that manages to reflect subtle refinement.

Het huis heeft natuurlijke kruisventilatie dankzij de grote schuiframen en verstelbare, glazen jaloezieën.

La maison bénéficie d'une ventilation croisée grâce à de grandes baies vitrées coulissantes et à des persiennes modulables.

The house has natural cross-ventilation, thanks to the large sliding windows and adjustable glass blinds.

Stadskubus
Cube Urbain
City Cube

Oishi Kazuhiku Architect Atelier

Stadskubus is ontworpen als een standaard stadswoning met drie verdiepingen, waarvan de compacte constructie kostenbesparend moest zijn. Het huis is een kubus met een riblengte van ongeveer 9 meter. De kubus is onderverdeeld in negen afzonderlijke ruimten. De privé-vertrekken, waaronder de slaapkamer, badkamer en logeerkamer, bevinden zich op de begane grond. Ook werd een werkkamer ingericht, zodat de bewoner thuis kon werken. In het midden is een open wenteltrap geplaatst, waardoor alle drie de verdiepingen licht vangen. Met de verticale trap is geprobeerd om door een glazen omhulsel het vluchtige, natuurlijke licht weer te geven dat de bewegende zon en wolken veroorzaken. Hierdoor ontstaat een gevoelig kunstwerk van natuurverschijnselen. Doordat van een kubusvorm gebruik is gemaakt, hebben de bewoners niet alleen een comfortabele woonruimte, maar wordt ook een hechte relatie met de stad en zijn natuurlijke omgeving behouden.

Le Cube Urbain est un module standard pour une résidence urbaine de trois étages dotée d'une structure simple conçue pour réduire le coût de la construction. Le plan est un carré de 9 mètres divisé en petites grilles permettant de répartir les neuf espaces en segments. Les sphères privées, à savoir la chambre à coucher, la salle de bains et la chambre d'invités sont situées au premier étage. Un espace bureau a été conçu pour que l'occupant puisse travailler chez lui. Au centre, un tube de lumière traverse les trois niveaux, auxquels un escalier hélicoïdal est intégré. La verticalité de l'escalier tente de représenter le caractère éphémère de la lumière naturelle issue du déplacement du soleil et des nuages au travers d'une boîte translucide, créant ainsi la sensation abstraite du phénomène naturel. A l'instar d'un cube plongé dans l'environnement urbain, le bâtiment doit offrir à ses occupants un espace de vie confortable tout en gardant un lien étroit avec la ville et l'environnement naturel des alentours.

City Cube is designed as a standard model for a three-story, urban residence with a concise structural system intended to reduce construction costs. The layout is a 30-foot square that is divided into small individual grids, enabling the nine spaces to be divided into segments. The private areas, including the bedroom, bathroom, and guest room, were allocated to the first floor. An office space was also created to allow the occupant to work from home. In the center, a tube of light penetrates the three levels, which have a spiral stairway built into them. The verticality of the staircase attempts to represent the transience of natural light produced by the movement of the sun and clouds through a translucent glass box, creating a sensitive abstraction of natural phenomena. Using a cubic space within the urban environment, the building focuses on providing its occupants with comfort living while retaining a close relationship with the city and the surrounding natural environment.

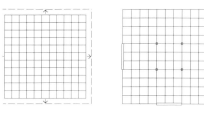 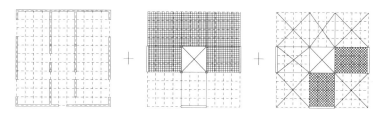

Details Détails Details

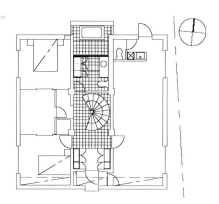 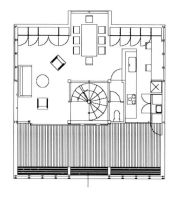 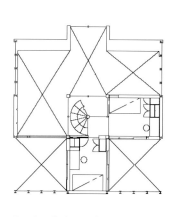

egane grond Rez-de-chaussée Ground floor   Eerste verdieping Premier étage First floor   Tweede verdieping Deuxième étage Second floor

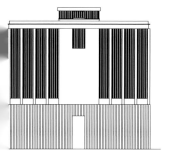 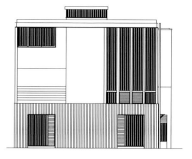 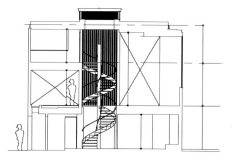

oging Élévation Elevation   Doorsnede Section Section

eze symmetrische structuur, bestaande uit drie niveaus, werd volgens een roostersysteem onderverdeeld, om zo de ruimte optimaal te kunnen gebruiken.

ette structure symétrique, répartie sur trois niveaus, est divisée selon les lignes d'un système de grille afin d'optimiser l'espace.

is symmetrical structure, spread over three levels, was divided along the lines of a grid system in order to optimize space.

31

Op de tweede verdieping bevindt zich een houten balkon op het zuiden.

Une terrasse de bois longe le côté sud du deuxième étage.

A wooden deck terrace is located along the south side of the second floor.

Het ontwerp is gebaseerd op een koker van licht waarin een wenteltrap is gebouwd die de drie verdiepingen met elkaar verbindt.

Le plan tourne autour d'un tube de lumière intégrant un escalier hélicoïdal qui traverse les trois étages.

The layout revolves around a tube of light incorporating a spiral staircase that penetrates all three levels.

privé-ruimten, waaronder de badkamer, slaapkamer en de logeerkamer, bevinden zich op de eerste verdieping.

:es les sphères privées, à savoir, la salle de bains, la chambre à coucher et la chambre d'amis se situent au premier étage.

:he private areas, including the bathroom, bedroom, and guest room, were allocated to the first floor.

☐ Tait-Doulgeris

Buzacott & Ocolisan Associates

Met dit project moest een twee verdiepingen tellend huis worden verbouwd tot een kleine gezinswoning. Dit leidde tot het maken van grote, open ruimten, waaronder twee slaapkamers, een studeerkamer en, achter het huis en op het noorden, een zwembad. De omvang van het perceel bood de architect ruimte genoeg voor een keuken en wasruimte, die aan één kant van het huis liggen en waardoor grote, open ruimten over konden blijven. De begane grond is onderverdeeld door een triplex constructie die de woon- en eetkamer afscheidt van de keuken en wasruimte. Desgewenst kunnen de keuken en patio worden omgebouwd tot informele eetkamer. Op de eerste verdieping is hetzelfde idee van ruimteverdeling gebruikt door in de lengte en parallel aan de trap een houten constructie te gebruiken. Via de studeerkamer op de tweede verdieping is een terras bereikbaar, van waaraf men een prachtig uitzicht op de stad en Harbor Bridge heeft.

Ce projet tente de transformer une ancienne maison à deux étages en une demeure destinée à une petite famille. Ces modifications ont donné naissance à deux vastes espaces ouverts, comprenant deux chambres à coucher, un studio et une piscine face au Nord, derrière la maison. Grâce à la largeur du site, l'architecte a pu jouer d'une extraordinaire souplesse lors de la conception de la zone des services. Elle est située sur l'un des côtés, laissant le champ libre à des espaces inondés de lumière. Le rez-de-chaussée est divisé par une cloison en contreplaqué séparant le salon-salle à manger des installations domestiques. Le cas échéant, le palier reliant la cuisine au patio est modulable en un coin repas informel. Au premier étage, on retrouve le même principe de division de l'espace par le truchement d'une structure en bois longitudinale, parallèle aux escaliers. L'étude placée au deuxième étage s'ouvre sur une terrasse offrant une vue merveilleuse sur la ville et le Harbor Bridge.

This project sought to remodel an old two-story house into a small family dwelling. The alterations took the form of large open spaces, including two bedrooms, a study and a north-facing swimming pool to the rear of the house. The width of the site allowed the architect considerable flexibility when it came to designing the service area, which lies on one of the sides, leaving room for open, light-flooded spaces. The ground floor is divided by a plywood structure that separates the living-dining room from the service facilities. When required, the threshold connecting the kitchen and the patio may be converted into an informal dining area. On the first floor, the same strategy of subdividing space was applied through the use of a wooden structure placed lengthwise in parallel to the stairs. The second-floor study opens onto a terrace with excellent views of the city and Harbor Bridge.

et behulp van houten meubels, die parallel aan de trap in de lengte zijn gezet, is de ruimte in tweeën verdeeld.

grand meuble de bois est placé dans le sens de la longueur, parallèlement à l'escalier pour diviser l'espace.

e architecture is generally simple and makes use of few materials.

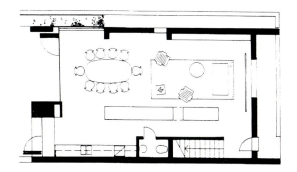

Begane grond Rez-de-chaussée Ground floor

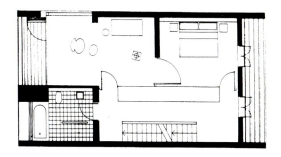

Eerste verdieping Premier étage First floor

e architectuur is over het algemeen eenvoudig. Er zijn weinig materialen gebruikt.

ans l'ensemble, l'architecture est simple et met en scène peu de matériaux.

wooden furniture structure was placed lengthwise, parallel to the stairs, in order to divide the space.

□ Black Box

Andreas Henrikson

Met dit project had de architect als doel een constructie te bedenken die overal kon worden neergezet en geschikt was voor verschillende doeleinden. Black Box was de naam die dit mobiele en multifunctionele huisje kreeg, omdat het volgens de architect van buiten lijkt op een goocheldoos. De constructie bestaat uit een eenvoudig systeem van lichte, houten lijsten die samen een driedimensionaal, rechthoekig patroon vormen. Het wordt bedekt met negentig vierkante panelen van spaanplaat. Door de afmetingen van de panelen en de montagetechniek is het opzetten en afbreken van de 'doos' eenvoudig. Het dak is bedekt met een vlies van kwalitatief goed rubber, dat het huis beschermt tegen water en andere klimaatverschijnselen. Het huis telt twee middelgrote verdiepingen. Een open ruimte op de bovenste verdieping dient als slaap- of werkruimte. Beneden bevinden zich de keuken, badkamer en trap, allemaal aan één kant van de box.

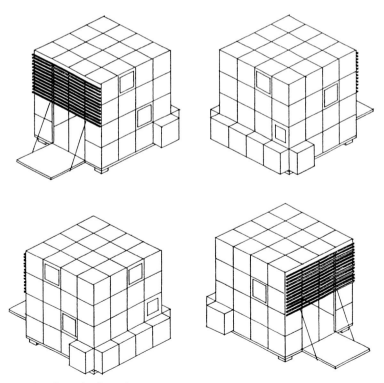

Perspectieven Perspectives Perspectives

Dans ce projet, l'architecte a mis au point une structure poly-valente à même d'être installée partout. Ce projet est appelé Black Box –petite maison mobile, à fonctions multiples– par son architecte, car vu de l'extérieur, elle ressemble à une boîte de magicien. La structure comprend un système d'éclairage simple, une ossature en bois formant un volume orthogonal tri-dimensionnel, habillé de quatre-vingt dix panneaux carrés d'ag-gloméré. Les dimensions des panneaux et les mécanismes d'assemblage facilitent le montage et démontage de la boîte. Le toit est recouvert d'une membrane de caoutchouc de pre-mière qualité isolant la maison de l'eau et des variations climat-iques. L'espace intérieur, de taille moyenne, est réparti sur deux étages. A l'étage supérieur, l'espace ouvert sert à la fois de chambre ou de bureau. L'espace inférieur est réservé aux services : cuisine, salle de bains et escaliers situés sur un côté du cube.

The architect's aim with this project was to come up with a structure that could be set up anywhere and was suitable for different purposes. Black Box is the name that was given to this project comprising a small, mobile, multifunctional home, because, according to its architect, it resembles a magician's box from the outside. The structure consists of a simple system of light, wooden frames that form a three-dimensional orthogo-nal weave covered by ninety, square chipboard panels. The pan-els' proportions and assembly mechanisms make constructing and dismantling the box an easy task. The roof is covered with a membrane of high-quality rubber that protects the house from water and climatic variables. The interior is a medium-sized two-story space. An open space on the upper level serves as a sleeping or work area. Below it are the services, kitchen, bath-room, and stairs, which are on one side of the cube.

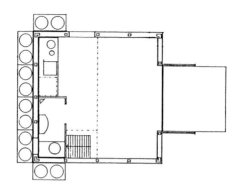

Ontwerp Plan Plan

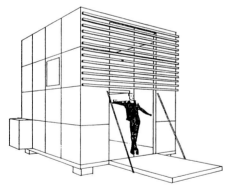

Perspectieven Perspectives Perspectives

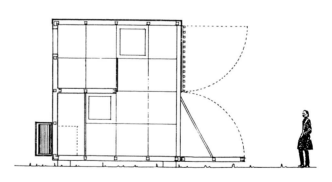

Verhoging Élévation Elevation

e houten oppervlakken en lichte kleuren in het huis contrasteren met de buitenkant en creëren een warme, uitnodigende sfeer.

es surfaces boisées et les teintes pâles de l'intérieur contrastent avec l'extérieur en créant une ambiance chaleureuse et accueillante.

he wooden surfaces and pale colors indoors contrast with the exterior to create a warm, inviting atmosphere.

De afmeting van het bouwwerk en de opstelling van de buitenmuren zijn allemaal onderdeel van de constructie; het vierkant van panelen van spaanplaat benadrukt de contouren van het hu

Les proportions de la construction et l'agencement des murs extérieurs font tous partie du système structural. La forme carrée des panneaux de bois aggloméré définit les contours de la maison.

The building's proportions and the arrangement of the exterior walls are all a function of the structural system; the square form of the chipboard panels emphasizes the contours of the hou

Huis in Torrelles
Maison à Torrelles
House in Torrelles

Rob Dubois

Dit huisje met zijn verticale ontwerp ligt aan de rand van Barcelona. Het staat dicht bij de weg aan de noordkant van het terrein, om de invloed op het stuk grond zo veel mogelijk te beperken. Er hoefde weinig gegraven te worden en doordat het huis zo smal mogelijk is, verstoort het nauwelijks het beeld van de omgeving. De vorm van het huis is gebaseerd op twee drie-hoeken die aan weerszijden van een rechthoek zijn geplaatst. In deze punten zijn de keuken en de wc en badkamer geplaatst, terwijl de rest van de rechthoek de woon- en slaapkamers bevat. De vorm van het huis wordt versterkt door de relatie tus-sen de rechtlijnige vormen van de centrale eenheid en de ronde vormen in de hoeken. Doordat de woon- en slaapkamers aan-sluiten bij de aslijn in de lengte van het perceel, hebben de bewoners een verreikend uitzicht op de directe omgeving en het dal in het noorden. Het huis heeft drie verdiepingen, die aansluiten bij de lagere en hogere niveaus op het terrein.

Cette maison minuscule, au design vertical, de la banlieue de Barcelone, est située à la lisière de la rue et à l'extrémité nord du site pour minimiser l'impact sur le terrain. Cette démarche permet de réduire l'importance des travaux d'excavation nécessaires et de comprimer l'édifice au maximum, diminuant ainsi son impact visuel sur l'environnement. La géométrie de base de l'édifice est constituée d'un rectangle encadré de deux empiètements cunéiformes. Construits au bout de la maison, ces empiètements sont utilisés pour la cuisine et les salles de bains, tandis que le salon et les chambres sont intégrés au rectangle. Le jeu qui s'instaure entre les formes rectilignes de l'unité centrale et les courbes des extrémités enrichit le langage formel de la maison. L'alignement des pièces principales sur l'axe longitudinal du terrain permet d'élargir la vue sur les abords immédiats et le nord de vallée. La maison possède trois étages qui relient les niveaux inférieur et supérieur du site.

This tiny house with a vertical design, on the outskirts of Barcelona, was placed very close to the road on the northern end of the lot, mitigating its impact on the terrain. This step minimized the amount of excavation required and compressed the building as much as possible, creating a minimal visual impact on the surroundings. The geometry of the building is based on two wedges framing a rectangle. Located at the ends of the house, these wedges are used for the kitchen and bathrooms, while the rectangle includes the living room and bedrooms. The formal language of the house is enriched by the relationship between the rectilinear shapes of the central unit and the curves at the ends. Aligning the main rooms with the longitudinal axis of the plot allowed for long, sweeping views of the immediate area and the valley to the north. The house has three floors which connect the lower and upper levels of the site.

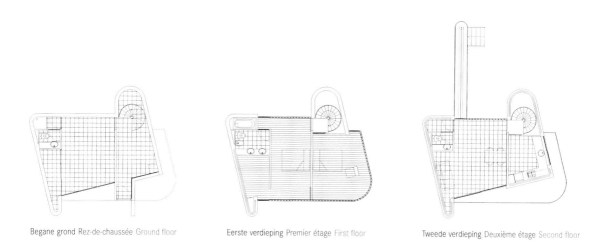

Begane grond Rez-de-chaussée Ground floor   Eerste verdieping Premier étage First floor   Tweede verdieping Deuxième étage Second floor

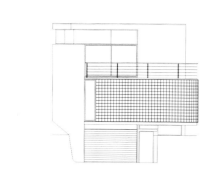

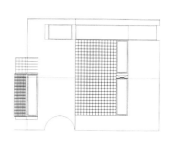

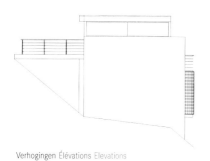

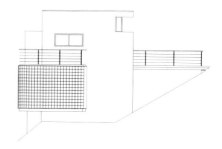

Verhogingen Élévations Elevations

constructie van glas, metaal en beton vormt een contrast met de landelijke omgeving, waarin traditionele bouwmaterialen overheersen.

structure en verre, métal et béton tranche sur l'environnement rural dominé par des matériaux de construction classiques.

structure built with glass, metal, and concrete contrasts with the rural setting dominated by traditional building materials.

Het huis is nog mooier door het contrast tussen de dichte oppervlakten en de grote, open ruimten voor de woon- en slaapkamers.

La maison est mise en valeur par le contraste entre les surfaces fermées et les grands espaces ouverts du salon et des chambres.

The house is enriched by the contrast between the closed surfaces and the large, open spaces set in front of the living and sleeping areas.

De afwerking van de buitenmuren, die van glazen blokken zijn, combineert helder licht met een gevoel van privacy en veiligheid.

La finition des murs extérieurs constitués de pavés de verre, décline abondance de lumière, sensation d'intimité et de protection.

The finish of the outer walls, built with glass blocks, combines bright light with a sense of privacy and security.

☐ Woning in Senzoku
Maison à Senzoku
House in Senzoku

Milligram Studio

Dit huis, in een rustige woonwijk in het centrum van Tokio, doet op het eerste gezicht denken aan een vlag. In tegenstelling tot deze eerste indruk heeft deze constructie een complexe indeling, met vijf verschillende niveaus die de hele woonruimte beslaan. De grote slaapkamer bevindt zich in het souterrain, zodat de bewoners daar van privacy verzekerd zijn. Vanaf de bovenverdieping kijken de bewoners vanuit de keuken neer op de woonkamer op de benedenverdieping. Ondanks de beperkte ruimte is op slimme wijze een trap ingebouwd om de niveaus met elkaar te verbinden. De architecten hebben de simpelste manier gebruikt om ruimten onder te verdelen door twee lange, theaterachtige gordijnen op te hangen. De onderverdeling wordt nog eens versterkt door een hightech isolatie- en airconditioningsysteem dat afgesteld kan worden op de soms extreme weersomstandigheden in Japan.

Cette maison, implantée dans un quartier résidentiel et calme au centre de Tokyo, rappelle, à première vue, un drapeau. Toutefois, la structure de l'édifice est plus complexe qu'elle ne le parait, la totalité de l'espace de vie étant répartie sur cinq niveaux. Pour préserver l'intimité du propriétaire, la chambre à coucher est située au demi-sous-sol. Depuis la cuisine, installée à l'étage, les occupants ont vue sur le niveau inférieur qui abrite le salon. En dépit d'un espace limité, l'installation judicieuse des escaliers permet de relier tous les niveaux à l'extérieur. Les architectes ont utilisé le cloisonnement de l'espace le plus simple, en utilisant deux longs rideaux de théâtre. Cette partition est rehaussée d'un système high-tech d'isolation thermique et d'air conditionné qui s'adapte aux variations parfois extrêmes des conditions climatiques saisonnières traversées par le Japon.

This house, located in a quiet residential area in the center of Tokyo, is reminiscent of a flag on first sight. Contrary to this first impression, however, the building's structure has a complicated composition, with five different levels forming the entire living area. The main bedroom is located in the semi-basement so as to ensure the owners' privacy. On the upper level, the occupants can look down from the kitchen area to the lower level, where the living room is situated. Despite the limited space, stairs have been cleverly installed to connect all the levels with the exterior. The architects came up with the simplest method for partitioning spaces by using two long, theater-style drapes. The divisions are enhanced by a high-tech heat-insulation and air-conditioning system that adjusts to the varied, sometimes extreme seasonal weather conditions found in Japan.

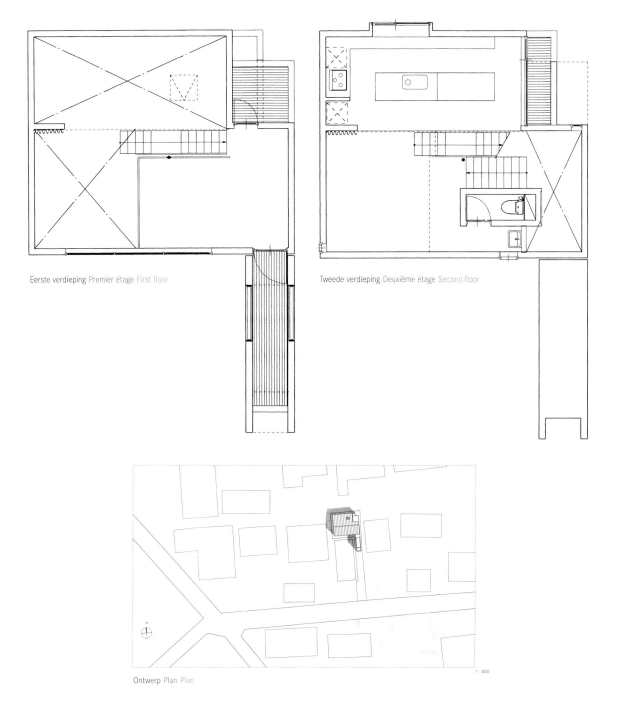

Eerste verdieping Premier étage First floor

Tweede verdieping Deuxième étage Second floor

Ontwerp Plan Plan

1 500

De indrukwekkende benadering van het huis is verkregen door gebruik te maken van het stuk grond, dat de unieke vorm van een vlag heeft.

La conception fantastique de la maison vient de l'optimisation de l'unicité du terrain en forme de drapeau.

The impressive approach to the house was realized by taking advantage of the site's unique flag shape.

naf de bovenste verdieping kunnen de bewoners vanuit de keuken neerkijken op de woonkamer op de benedenverdieping.

étage, les habitants peuvent, depuis la cuisine, contempler le salon situé en contrebas.

the upper level, the residents can look down from the kitchen area to the lower level, which contains the living room.

Woning van Steinhauser
Maison Steinhauser
Steinhauser House

Marte.Marte Architekten

Voorwaarde voor dit huis was dat het moest passen bij de dok en het kanaal waar boten door moeten varen. De architect liet zich daarom inspireren tot een woning met een compacte constructie van aluminium panelen met twee bestuurbare openingen naar buiten. Twee grote openingen aan de noord- en zuidkant doorbreken het metalen omhulsel en creëren een gevoel van ruimte. In het huis zorgen de gebruikte lichtgewicht materialen voor een ruimte die al snel warmte uitstraalt. De keukenvloer is donkerrood en dezelfde kleur is gebruikt voor het keukenmeubilair en het zitgedeelte bij de open haard. De badkamer en de slaapkamers bevinden zich op een rij en komen allemaal uit op een gang in het westelijk deel van het huis. De gangen beperken zich niet tot één stukje, maar strekken zich over de hele verdieping uit. Een kleine zolder wordt bereikt met behulp van een metalen vlizotrap, een extra verwijzing naar de scheepvaart.

L'architecte a eu l'idée de créer une habitation dotée d'une structure compacte de panneaux d'aluminium, munis d'ouvertures extérieures réglées par un système de contrôle précis, dans un souci d'harmonie entre la maison et le dock d'un canal navigable. Deux grandes ouvertures au nord et à l'est brisent le caisson en métal créant ainsi une sensation d'espace. A l'intérieur, le choix des matériaux légers engendre un espace très chaleureux. Le sol de la cuisine est recouvert de panneaux de béton rouge foncé, couleur qui se retrouve dans les meubles de cuisine et dans la zone centrale, avec la cheminée. Dans la partie ouest de la maison, la salle de bains et les chambres alignées débouchent sur un couloir. Plutôt que d'être concentrés en un point, les corridors traversent tout l'espace. Par simple pression sur un bouton, un escalier escamotable en acier permet d'accéder à un petit loft, ce qui n'est pas sans rappeler l'aspect nautique de l'ensemble.

Subjected to the requirement that the house had to blend in with the dock of a navigable canal, the architect was inspired to create a home with a compact structure of aluminum panels with precisely controlled exterior openings. Two large openings on the northern and southern sides break up the metal casing to create a feeling of spaciousness. Inside, the lightweight materials chosen made it possible to build a space that radiates warmth with great speed. Dark red concrete panels cover the floor in the kitchen, and the same color is used for the kitchen furniture and the central area with the fireplace. The bathroom and bedrooms are laid out in a row that comes off a corridor in the western part of the house. Hallways cross the entire space rather than being concentrated at one point. A small loft is accessed by a metal staircase that unfolds at the push of a button, reinforcing the references to nautical engineering.

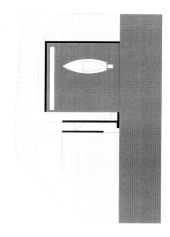

Souterrain Sous-sol Basement   Begane grond Rez-de-chaussée Ground floor

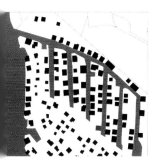

erp Plan Plan

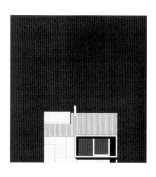

gingen Élévations Elevations   Doorsnede Section Section

n scala aan bouwstijlen, zoals overdekte kubussen, langwerpige hutten, rustieke jaren '30- huizen en kleine, tentachtige toevluchtsoorden, dienden als inspiratiebron bij dit ontwerp.

ute une série de styles d'habitation, à l'instar de cubes couverts, cabines allongées, maison des années 30 et refuges en forme de tente, a servi de critères de référence dans la nception de cette maison.

ange of housing styles, such as covered cubes, long cabins, rustic 1930s houses, and small tent-like retreats, served as reference points in the design process for this house.

De eenvoud van dit huis wordt versterkt door de fijne textuur van de nagels in de aluminium panelen en door de opvallende openingen.

La simplicité du bâtiment est rehaussée par la fine texture des rivets des panneaux d'aluminium et l'agencement original des ouvertures.

The building's simplicity is enriched by the fine texture of the rivets in the aluminum panels and the striking arrangement of the openings.

Via een metalen trap bereikt men een kleine zolder. Binnen is met behulp van triplex en spaanplaat een warme sfeer gecreëerd.

L'accès au petit loft se fait par des escaliers en métal. A l'intérieur, des matériaux comme le contreplaqué et le bois aggloméré dégagent une atmosphère chaleureuse.

A small loft is accessed via metal stairs, while materials such as plywood and chipboard were used inside to provide a warm atmosphere.

Van boven naar beneden
De haut en bas
Up & Down

AV1 Architekten

Het thema van dit project is architectuur versus natuur, een concept dat bij alle belangrijke beslissingen tijdens de planning in acht is genomen. Een rechthoekig blok van drie verdiepingen bevat vijf wooneenheden die parallel lopen aan de muur van rode rotssteen. De sedimentatie van natuurlijk zandsteen vormde de inspiratie voor het larikshouten paneel aan de noord-, oost- en westzijden en is een nabootsing van de lagen in de rots. Aan de zuidkant komen de eenheden via glazen schuifelementen in een houten raamwerk uit op een weide en bos. De kamers hebben betonnen muren en vloeren. In het midden van het blok hangt een trap die de drie verdiepingen met elkaar verbindt. De eenheden hebben balkons die in de zomermaanden beschutting bieden tegen de zon. Het dak bevat een buizensysteem waarbij in een speciale laag regenwater opgeslagen wordt dat via de grond wordt afgevoerd zonder het gemeentelijk rioolsysteem te belasten. Een zonnepaneel zorgt voor warmte.

Ce projet se décline sur le thème architecture et nature, l'idée maîtresse de la conception. Un bloc rectangulaire de trois étages englobe une série de cinq maisons, à l'instar d'un mur de pierres rouges. Sur les côtés nord, est et sud, le panneau horizontal en bois de mélèze s'inspire de la sédimentation du grés naturel, imitant ainsi les strates de la roche. Sur le côté sud, l'unité s'ouvre sur une prairie et une forêt grâce à des éléments de verre coulissants encastrés dans un châssis de bois. A l'intérieur, les pièces sont enveloppées de béton. Un escalier suspendu glisse au cœur des trois étages. Des balcons, liens entre l'intérieur à l'extérieur, protègent aussi du soleil pendant les mois d'été. Un système de jauge, inséré dans le toit, capte l'eau de pluie dans une assise spéciale, la drainant vers le sol en évitant le tout à l'égout municipal, pour être ensuite réchauffée par des panneaux solaires.

The theme of this project is architecture versus nature, a concept which stands for all the important decisions taken throughout the planning. A rectangular block of three floors incorporates a series of five houses that parallels the wall of red rock. The sedimentation of natural sandstone was the inspiration for the horizontal larch-wood panel on the north, east and west sides, imitating the layers that are found in the rock. On the south side, the units open onto a meadow and forest with the help of sliding glass elements between wooden frames. Inside, the rooms are wrapped in concrete and a hanging staircase slices through the centre of the three floors. Balconies link the interior to the exterior and also provide protection from the sun during the summer months. The roof integrates a gauge system that stores rainwater in a special layer, draining it through the ground without adding to the municipal sewage, while solar panels heat it up.

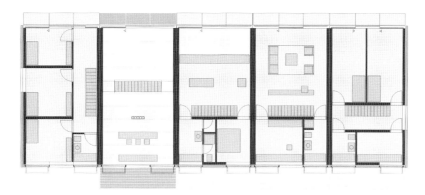

Eerste verdieping Premier étage First floor

Tweede verdieping Deuxième étage Second floor

e aan stalen kabels gehangen trap wordt een esthetisch element dat elk van de huizen iets dynamisch geeft.

escalier suspendu à des câbles d'acier devient un élément esthétique qui accentue fortement le caractère dynamique de chacune des maisons.

ne staircase suspended from steel cables becomes an esthetic element that adds a significant dynamic quality to each of the homes.

De keuken, die door een kookeiland van de eetruimte gescheiden wordt, gaat over in een houten terras.

La cuisine, séparée de la salle à manger par un îlot de cuisson, s'ouvre sur une terrasse de bois.

The kitchen, separated from the dining area by an island unit, opens onto a wooden deck terrace.

interne verlichting, houten oppervlakken en lichte kleuren vormen een contrast met het beton, dat is gebruikt voor de plafonds en vloeren, en zorgen voor een gezellige, uitnodigende sfeer.

système d'éclairage intérieur, les surfaces boisées et les couleurs pâles tranchent sur le béton des plafonds et des sols, créant une atmosphère accueillante et chaleureuse.

interior lighting system, wooden surfaces and pale colors contrast with the concrete used for the ceilings and floors and set up a cozy and welcoming atmosphere.

Hut in Masía Masnou
Cabane à Masía Masnou
Cabin at Masía Masnou

Jordi Hidalgo and Daniela Hartmann

Deze kleine, eenvoudige constructie met een rechthoekig basis-plan en een puntdak past volledig in het centrum van een natuurpark in de vulkanische regio La Garrotxa, Spanje. Het metselwerk bestaat uit een combinatie van het lokale vulkaan-steen en kalkspecie. Drie verdiepingen rusten op een eenvoudi-ge, maar zeer effectieve steunconstructie die losstaat van de oorspronkelijke muren en waarvan op de noord- en zuidgevels stroken doorlopen. Op deze stroken zit beweegbaar, gelami-neerd glas dat als dakraam dienst doet voor de benedenverdie-ping. De bakstenen muurvlakken op de eerste verdieping wor-den onderbroken door grote ramen die de woonkamer van veel licht voorzien. Een entresol op de begane grond biedt ruimte aan de keuken en eetkamer, terwijl op een andere entresol op een van de bovenverdiepingen slaapkamers zijn gemaakt. Een buitentrap leidt naar de hoofdingang en via een hal naar de binnentrap die de verdiepingen met elkaar verbindt.

La petite maison, simplement conçue, suit un plan rectangulaire, surmonté d'un toit à pignon et se fond au cœur du parc volcanique naturel de la région de La Garrotxa, en Espagne. La construction est faite en maçonnerie qui allie la pierre volcanique et le mortier à base de chaux. Trois étages coiffent une structure simple mais très résistante et du plus bel effet, indépendante des murs d'origine, dotée de bandes latérales le long des façades nord et sud. Ces bandes sont recouvertes de feuilles mobiles de verre laminé, qui transmettent la lumière du jour à l'étage inférieur. Les surfaces en briques du premier étage sont interrompues par de grandes fenêtres, inondant le salon de lumière du jour. En dessous, une mezzanine abrite la cuisine et la salle à manger et à un niveau supérieur, une autre accueille les chambres à coucher. Un escalier extérieur grimpe jusqu'à l'entrée principale de la maison et, au travers d'un hall, mène vers l'escalier principal, trait d'union entre tous les étages.

This small, simple structured house with a rectangular ground plan and a gabled roof is integrated into the heart of a natural park in the volcanic region of La Garrotxa, Spain. The construction used masonry that combined the local volcanic stone with lime mortar. Three stories sit atop a simple but highly effective supporting structure, which is independent from the original walls and leaves side strips extending on the north and south faces. These strips are covered with movable, laminated glass sheets that act as skylights for the lower story. The brick sections on the first level are broken by large windows, which provide ample light for the living room. Below, a mezzanine contains the kitchen and dining room, while another, on a higher level, accommodates the bedrooms. An outdoor stairway runs up to the main entrance of the house and leads through a hall to the main staircase, which connects all the stories.

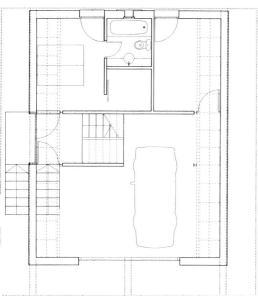

egane grond Rez-de-chaussée Ground floor

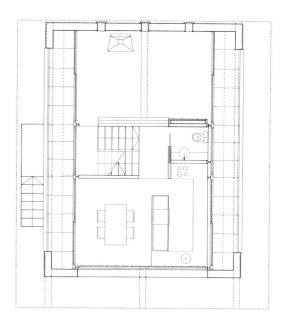

Eerste verdieping Premier étage First floor

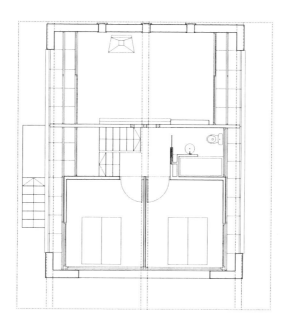

Tweede verdieping Deuxième étage Second floor

architecten wilden een huis bouwen dat conceptuele helderheid toonde en tegelijkertijd de perceptuele sensaties binnen in het huis zo groot mogelijk maakte.

s architectes ont essayé de construire un édifice doté d'une conception claire tout en maximalisant les sensations issues de l'intérieur.

e architects sought to create a building that demonstrated conceptual clarity while maximizing the perceptual sensations available from the interior.

Een paar weloverwogen beslissingen leidden tot zeer originele resultaten – een constructie die respect toont voor de omgeving en de architectuur van het oorspronkelijke bouwwerk

Quelques décisions bien prises qui donnent un résultat très original – une structure qui respecte à la fois l'environnement et l'architecture du bâtiment d'origine.

A few well-founded decisions produced highly original results – a structure that respects both the environment and the architecture of the original building.

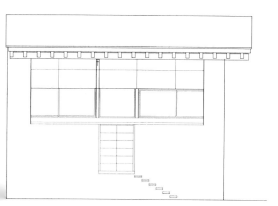

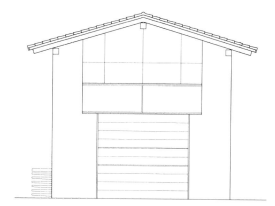

gingen Élévations Elevations

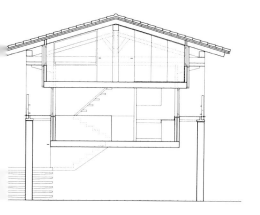

sdoorsnede Section transversale Cross section

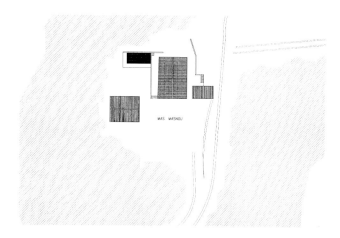

MAS MASNOU

Ontwerp Plan Plan

Traditionele houten dakspanten ondersteunen het puntdak en rusten op een raster van balken en metalen pilaren die de fundering van het nieuwe afgesloten gedeelte vormen.

La structure de soutènement est une poutre classique à chevrons qui soutient le comble à pignon et repose sur des poutres en treillis et des piliers en métal qui étayent la nouvelle construction.

The supporting structure is a traditional wood truss-rafter arrangement which holds the gable roof and rests on a lattice of beams and metal pillars that underpins the new enclosure.

de trap is een licht, transparant ontwerp gebruikt. Dit benadrukt de architectonische ruimte en zorgt voor een visuele relatie tussen alle delen van het huis.

éger design tout en transparence définit l'escalier, exaltant l'espace architectural, tout en établissant une relation visuelle entre les zones de la maison.

ght, transparent design was used for the stairway to accentuate its architectural space and establish a visual relationship between all the areas in the house.

☐ Huisje in Zachary
Maison à Zachary
House in Zachary

Stephen Atkinson

De eigenaren van dit perceel in Louisiana, midden in een lande-
lijk gebied met een dicht eikenbos en weids grasland, besloten
een weekend- en vakantiehuisje te bouwen. Het huis is met
twee lagen materiaal bedekt: een buitenlaag, waarvan de afwerking weinig eisen stelde en die de eigenaren zelf hebben aange-
bracht, beschermt tegen de elementen. Hij bestaat uit golfplaat
en ramen van glasvezel. De complexere binnenlaag vereiste de
deskundigheid van vakmensen. Binnen is het huis afgewerkt
met gipsplaten en eikenhout, wat warmte uitstraalt. Het huis
bestaat uit twee grote ruimten – een woonkamer en een slaapkamer – die tegenover elkaar liggen en door een tussenruimte
met elkaar verbonden zijn. Een langwerpig, doorlopend dak
bedekt de beide ruimten en de tussenruimte, die zich in het
midden van het bouwwerk bevindt. Schuifdeuren verbinden de
beide ruimten met elkaar en met buiten.

Les propriétaires de ce terrain, situé en Louisiane, au cœur d'un paysage rural composé d'une dense forêt de chêne et de vastes prairies, ont décidé de construire une maison de week-ends ou de vacances. Deux couches de matériau recouvrent la maison : une coque externe facile à installer - par les propriétaires eux-mêmes- protège des éléments et une couche interne plus complexe exigeant l'intervention d'ouvriers spécialisés expérimentés. Alors que la coque externe est composée de tôle ondulée et de panneaux de fenêtres en fibre de verre, la finition intérieure en placoplâtre et en chêne apporte une touche de chaleur. La maison est constituée de deux espaces principaux – un salon et une chambre à coucher – qui se font face et sont reliés par une passerelle. Le tout est coiffé d'un long toit couvrant les deux espaces et la passerelle qui traverse le centre du bâtiment. Des portes coulissantes relient les espaces intérieurs entre eux et avec l'extérieur.

The owners of this plot of Louisiana land, in the midst of a rural landscape of dense oak forest and expansive grassland, decided to build a home for use at weekends or on short vacations.
The house is covered by two layers of material: an outer shell that requires little precision in its finishings - it was installed by the owners themselves - protects against the elements, and a more sophisticated inner layer, which required the expertise of skilled workers. While the outer layer consists of a corrugated sheet and fiberglass window panels, the interior finishing of plasterboard and oak provides a touch of warmth. The house consists of two main spaces – a living room and a bedroom – that face each other and are connected by a deck. A long, uninterrupted roof covers both spaces and the deck that cuts across the center of the building. Sliding doors integrate the interior spaces with each other and with the exterior.

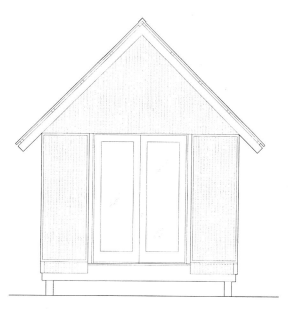

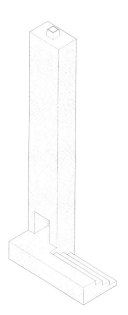

Verhoging Élévation Elevation

Perspectief Perspective Perspective

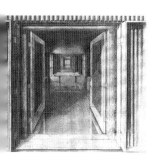

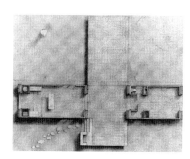

...pectief Perspective Perspective

Lengtedoorsnede Section longitudinale Longitudinal section

Ontwerp Plan Plan

...e barbecue, een verticale bakstenen constructie, staat iets van het huis af zodat de hitte niet het huis in kan.

...structure verticale en briques, à côté de la maison, abrite le barbecue. Elle protège l'intérieur de la chaleur.

...vertical brick structure stands apart from the house; it contains the barbecue and keeps the heat away from the interior.

De deuren en ramen zijn bedekt met golfplaten die het huis afsluiten als er niemand thuis is.

Les portes et fenêtres sont habillées de feuilles de métal ondulé qui verrouillent la maison lorsqu'elle est inoccupée.

The doors and windows are covered with corrugated metal sheeting that seals the house when it is unoccupied.

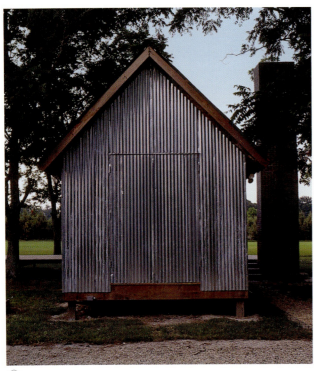

Het sobere uiterlijk, ontdaan van enig detail, wordt bereikt door alle muren en het dak met één metalen plaat te bedekken.

L'apparence austère, dépouillée de détails, est obtenue par l'habillage uniforme en métal de tous les murs et du toit.

The austere appearance, bereft of detail, is achieved through the use of a continuous sheet of metal over all the walls and the roof.

details en afwerking in het huis zijn verfijnder dan die buiten, waardoor de ruimte aangenaam en warm is.

détails intérieurs et la finition sont plus raffinés qu'à l'extérieur, dotant l'espace de confort et chaleur.

interior details and finishing are more refined than those used outdoors, rendering the space comfortable and warm.

☐ Woning in Flawil
Maison à Flawil
House in Flawil

Wespi & De Meuron

Dit huis, oorspronkelijk een van de eerste prefab houten constructies in Zwitserland, is door Wespi & De Meuron Architecten verbouwd tot een comfortabele woning. Het project bestond uit het met horizontale, houten latjes betimmeren van de constructie. Het nieuwe omhulsel bedekt de bestaande buitenmuren van het huis en strekt zich een kleine 7 meter uit naar het zuiden, de enige richting waarin kon worden uitgebreid. De keuken, trap, badkamer en het kantoor liggen allemaal aan de noordkant. Er is dus één gedeelte voor de privé-ruimten van de bewoners, waardoor ook de leefruimten beschermd worden. De bijna hermetische houten afwerking aan de noordelijke, oostelijke en westelijke kanten zorgt dat de warmte binnen blijft, terwijl de kant op het zuiden zo veel mogelijk warmte binnenlaat. De houten latjes aan deze kant van het huis dienen in de zomer ook als zonwering.

Première structure préfabriquée en bois réalisée en Suisse, cette maison a été transformée et restaurée par les architectes Wespi & De Meuron, en une habitation confortable. Le projet était de couvrir la structure existante de lattes de bois horizontales pour créer un treillis très serré. Le nouveau revêtement recouvre les murs extérieurs de la maison et s'étend de 7 mètres vers le sud, seule direction possible pour agrandir la maison. Dans la zone des services, la cuisine, l'escalier la salle de bains et le bureau sont regroupés vers le nord. C'est ainsi qu'une sorte de chambre a été créée autour de la partie la plus privilégiée de la maison pour protéger les pièces à vivre. La finition en bois, renforce l'effet passif du soleil, tandis que la façade sud s'ouvre pour recevoir un maximum de chaleur solaire. Sur ce côté, les lattes de bois font office de volets pour protéger de la chaleur pendant les mois d'été.

Originally one of the first prefabricated wooden structures in Switzerland, this house was transformed and renovated by Wespi & De Meuron Architects into a comfortable home. The project consisted of covering the existing structure with horizontal, wooden slats to create a very tight weave. The new skin covers the house's existing outer walls and stretches out 22 ft to the south, the only direction in which the building could be extended. The service areas, such as the kitchen, stairs, bathroom, and office, are grouped toward the north. Thus, a kind of chamber is created around the most privileged part of the house to protect the living areas. The almost hermetic wooden finish on the northern, eastern, and western sides contributes to the passive solar effect, while the southern side opens up to receive as much heat as possible from the sun. The wooden slats on this side act like blinds to provide protection during the summer months.

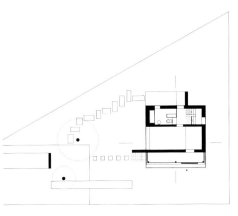

gane grond Rez-de-chaussée Ground floor

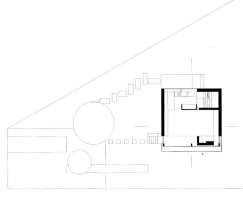

Eerste verdieping Premier étage First floor

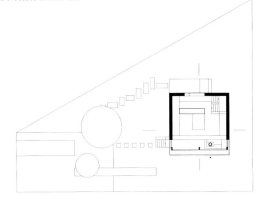

Tweede verdieping Deuxième étage Second floor

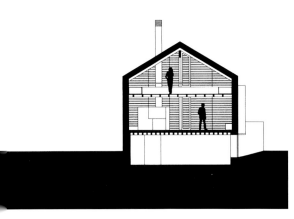

rsdoorsnede Section transversale Cross section

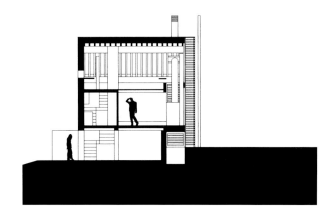

Lengtedoorsnede Section longitudinale Longitudinal section

De bij de uitbreiding van het huis gebruikte methode was gebaseerd op het uiterlijk van lokale boerderijen.

'extension de cette maison s'est modelée sur l'aspect des fermes de la région.

he strategy for expanding the house was based on the appearance of the local farm buildings.

De houten latjes dienen in de zomermaanden als zonwering.

Les lattes de bois font office de volets qui protègent du soleil d'été.

The wooden slats act like blinds to provide protection from the sun during the summer months.

el binnen als buiten overheerst hout, waardoor een gelijkmatig uiterlijk is ontstaan en het huis een aangename, warme sfeer uitstraalt.

ntérieur comme à l'extérieur, le bois qui domine sur les autres matériaux, unit l'ensemble et lui confère une ambiance chaleureuse et accueillante.

e and out, the dominant material is wood. This makes for continuity of appearance and a warm, welcoming atmosphere.

☐ **Heidi-huisje**

Maison Heidi

Heidi House

Matteo Thun

De architect Matteo Thun is de enorme uitdaging aangegaan om een prefab huis te ontwerpen dat meer was dan een hut en dat zijn plaats in de omgeving uiterst subtiel zou innemen. Door een gedetailleerde studie van het terrein kon de ontwerper een constructie maken die zowel bij het bergachtige landschap als bij de traditionele architectuur van de regio aansloot. De constructie is rechthoekig en samengesteld langs basislijnen. Het dak doet denken aan de enorm brede constructies die zo typerend zijn voor schuren. De buitenmuren zijn bedekt met laminaat, terwijl de houten luiken het binnenkomende zonlicht filteren en het bouwwerk een gelijkmatige uitstraling geven. Aan de zuidkant bevinden zich grote ramen die uitkijken op het spectaculaire landschap en in de wintermaanden zo veel mogelijk zonlicht kunnen doorlaten. De muren zijn geïsoleerd met kurkpanelen, die het huis beschermen tegen het grillige bergklimaat.

L'architecte Matteo Thun a relevé l'énorme défi de concevoir une maison préfabriquée qui dépasse la simple notion de cabane en s'intégrant dans le paysage avec une finesse et une subtilité extrêmes. Grâce à une étude détaillée du site, le designer a créé une structure adaptée au paysage montagneux tout en respectant l'architecture traditionnelle de la région. Rectangulaire, la structure de conception linéaire est coiffée d'un toit rappelant les toitures à large travée des fermes traditionnelles. Les murs extérieurs sont recouverts de bois laminé, les volets également en bois, filtrent la lumière du soleil pénétrant la maison et unifient l'expression architecturale du bâtiment. De larges baies vitrées ouvrent la façade sud sur un paysage spectaculaire laissant la lumière du soleil pénétrer à flots pendant l'hiver. Des panneaux de liège assurent l'isolation thermique, protégeant la maison de la rudesse du climat de montagne.

The architect Matteo Thun took on the enormous challenge of designing a prefabricated house that would go beyond the simple notion of a cabin and occupy its surroundings with the utmost delicacy and subtlety. A detailed study of the site enabled the designer to create a structure that was suited to the mountainous landscape while being in keeping with the region's traditional architecture. The structure is rectangular, composed along elementary lines, and topped with a roof reminiscent of the large-span structures typically seen in barns. The outside walls have a laminated wooden skin, while shutters, also made of wood, filter the sunlight entering the house and unify the language of the building. The south face has been opened up by large windows that look out onto the spectacular landscape and ensure that as much sunshine as possible enters the house during the winter. The walls are thermally insulated with cork panels, protecting the house against the rough mountain climates.

⌂ Aan dit ontwerp kan elke cliënt zijn eigen invulling geven; het basisidee biedt een scala aan mogelijkheden.

Grâce au design, la structure s'adapte au gré des désirs des clients selon un concept de base offrant une multitude d'options.

The design permits the adaptation of the structure to each client's needs, so that a wide variety of options can be achieved from one basic concept.

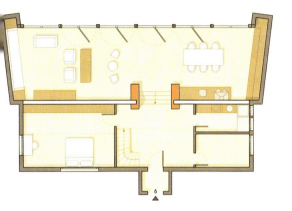

Begane grond Rez-de-chaussée Ground floor

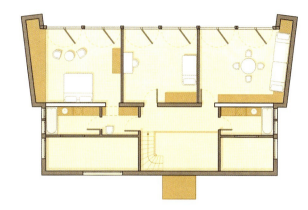

Eerste verdieping Premier étage First floor

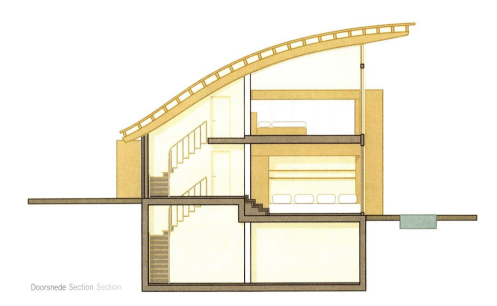

Doorsnede Section Section

dwarsdoorsnede van het Heidi-huisje laat de verschillende etages zien, het gewelfde dak en de kelder, die de constructie ondersteunt.

pe de la maison Heidi montrant les différents étages, la voûte du toit et le sous-sol qui fait office de support structurel.

ss-section of Heidi house showing the different stories, the vaulted roof, and the basement, which functions as a structural support.

Dit huis is opvallend vanwege de enorm dikke muren die vanaf de grond zijn opgetrokken, de overvloed aan laminaatoppervlakken en de massief houten balken die het brede dak ondersteunen.

Cette maison se distingue par l'épaisseur considérable de ses murs surgissant du sol, l'abondance des surfaces en bois contreplaqué et par des poutres très solides soutenant toute la largeur du toit.

This house is noteworthy on account of the enormously thick walls rising from the ground, the abundance of laminated wood surfaces, and the solid wood beams that support the wide roof section.

ankelijk van de behoefte van de bewoner, kunnen in de structuur van het huis modules worden geplaatst waarmee ofwel meer slaapkamers ofwel grotere gemeenschappelijke ruimten nen worden gecreëerd, alle met een eenvoudig basisplan.

gré des besoins, des modules peuvent être intégrés à la structure de la maison pour augmenter le nombre de chambres ou pour élargir les aires communes à partir d'un plan de base simple.

ending on specific needs, modules can be incorporated into the structure of the house to provide either more bedrooms or larger communal areas, all within a simple ground plan.

o een iets lager niveau heeft men vanuit een grote ruimte met daarin de woonkamer, eetkamer en keuken, door grote ramen uitzicht op het mooie berglandschap.

ur un niveau légèrement en contrebas, une grande surface héberge le salon, la salle à manger et la cuisine, s'ouvrant grâce à de grandes baies vitrées, sur le paysage montagneux.

n a slightly lower level, an extensive space containing the living room, dining room, and kitchen looks out through large windows on to the beautiful, mountainous landscape.

☐ Studio 3773

Dry Design

Dit buitengewone project betreft een oude garage in een Californische wijk die door een architect voor eigen gebruik is omgebouwd tot een studio en woning. Verschillende vlakken op verschillende niveaus bieden ruimte aan diverse functies en verrijken het interieur. Het eerste vlak, dat de begane grond beslaat, is een gepolijste betonnen plaat waarop veel activiteiten plaatsvinden. Hierin bevinden zich in één ruimte de studio, keuken, eet- en woonkamer. De badkamer is gevestigd in een aangrenzende ruimte. Een ander, tussenliggend vlak, dat is opgehangen aan een frame dat aan het plafond is bevestigd, vormt een houten vide, waarop het bed staat. Buiten vormen een dak en een tuintje boven de badkamer samen het laatste vlak. De relatie tussen binnen en buiten is, net als de relatie tussen de diverse ruimten, ontworpen om maximale flexibiliteit te bereiken. Zo kan het bouwwerk worden gebruikt als studio, gastenhuis of vrijstaand huis.

Ce projet extraordinaire s'articule autour d'un ancien garage dans un coin de Californie, transformé en un petit studio et lieu d'habitation pour l'architecte lui-même. Différents plans et niveaux s'adaptent aux multiples fonctions de la maison et enrichissent l'espace intérieur. Le premier plan, comprenant le rez-de-chaussée - une dalle de béton poli - est le lieu d'une multitude d'activités. Dans l'unité centrale, cuisine, salle à manger, salon et un studio se partagent l'espace, avec une petite unité adjacente où se trouve la salle de bains. Un autre plan intermédiaire, fait d'une structure suspendue au plafond, est constitué d'un loft avec un lit. Un toit et un petit jardin coiffent la salle de bains, créant un dernier plan extérieur. Le lien entre l'intérieur et l'extérieur et celui qui existe entre les divers espaces, ont été conçu dans un souci de flexibilité maximale. Au gré des besoins, l'habitation peut se transformer en studio, appartement d'invité ou logement indépendant.

This extraordinary project involves a former garage in a Californian neighborhood that was transformed into a small studio and home for the architects' own use. Different planes on different levels accommodate the various household functions and enrich the interior space. The first plane, which comprises the ground floor, is a polished concrete slab where a lot of activity takes place. In the main unit, the kitchen, dining room, living room, and studio share a common space, while a small adjacent unit contains the bathroom. Another, intermediate plane, suspended by a framework hanging from the ceiling, is a wooden loft containing the bed. A roof and small garden above the bathroom make up a final, exterior plane. The relationship between the interior and exterior, like the relationships between the various spaces, was designed to achieve maximum flexibility. Thus, the building can be used as a studio, guest apartment, or independent home.

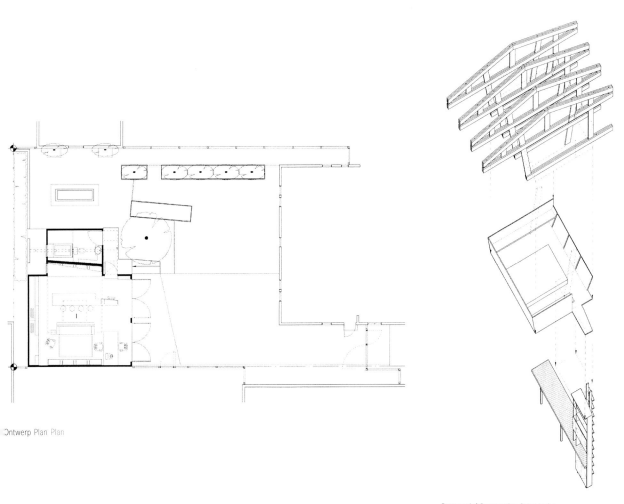

Ontwerp Plan Plan

Perspectief Perspective Perspective

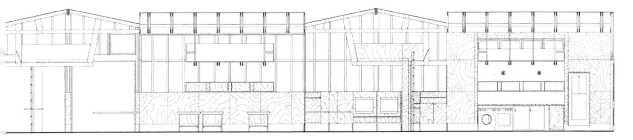

erhoging Élévation Elevation

Een losse eenheid, opgehangen aan een frame dat aan het plafond is bevestigd, vormt een houten zolder waarop het bed staat.

Une unité indépendante, suspendue par une structure accrochée au plafond, fait office de loft en bois doté d'un lit.

An independent unit, suspended by a framework hanging from the ceiling, serves as a wooden loft containing the bed.

Hoewel dit huis aan een ander grenst, maakt de tuin die eromheen ligt er een lieflijke, beschutte plek van.

Bien que mitoyenne, cette maison est entourée d'un jardin créant un cadre privé charmant.

Although this home backs on to another house, the garden surrounding it creates a charming, private setting.

Alle oppervlakken in het huis zijn van triplex panelen gemaakt. Deze zorgen voor een goede isolatie en hebben een rijke textuur.

Toutes les surfaces intérieures sont faites de panneaux en contreplaqué parfaitement isolant et de belle texture.

All the interior surfaces are made of plywood panels to ensure good insulation and a rich texture.

Kantoorwoning
Maison et bureau
Office House

Desai/Chia Studio

Voor een financieel adviseur die in alle rust wilde werken, is dit huisje gebouwd op een afgelegen, dichtbeboste plek, ver weg van de stadse bedrijvigheid. Het basisontwerp verdeelt de constructie in twee etages, zodat er niet te veel ruimte hoefde te worden gebruikt en de bewoner bovendien volop kon genieten van het uitzicht op de omliggende bossen. De begane grond bevat parkeerruimte voor twee auto's, een sportruimte en een badkamer met alles erop en eraan. Op de bovenverdieping bevinden zich de woonkamer, het kantoor en de bibliotheek. Het bouwwerk lijkt op een eenvoudige kubus die in zijn omgeving is geïntegreerd. De gevel wordt gesierd door ramen in verschillende vormen, waardoor elk uitzicht op het landschap een andere vorm heeft. Op de begane grond kijken de ramen, die het verticale karakter van het landschap benadrukken, uit op het bos. Door de hoge ramen op de eerste verdieping komt het door de bladeren gefilterde noorderlicht binnen.

Cette petite maison a été construite au cœur d'une région isolée, très arborée, à l'écart de l'agitation urbaine et du voisinage immédiat, à la requête d'un consultant financier soucieux de travailler dans le calme. Le plan de base divise la structure en deux étages pour éviter d'envahir trop le terrain et de jouir totalement de la vue sur les bois environnants. Le rez-de-chaussée comprend un garage pour deux voitures, une salle de gymnastique et une salle de bains entièrement équipée. L'étage est réservé à l'espace de vie principal, le bureau et la bibliothèque. L'édifice conçu comme une simple boîte, s'intègre au paysage naturel. La façade est dotée de fenêtres en forme de bandes de différents formats, encadrant diverses vues du paysage. Au rez-de-chaussée, les fenêtres donnant sur les bois, accentuent la verticalité du paysage. A l'étage, les baies vitrées en hauteur reçoivent la lumière du Nord, filtrée à travers le feuillage.

This small house was placed in the middle of an isolated area, densely populated with trees, away from the urban bustle and its immediate neighbors to accommodate a financial consultant who needed to work in comfort. The basic plan divides the structure into two floors, to avoid taking up too much land and to fully enjoy the views of the surrounding woods.
The ground floor includes parking for two cars, a gym, and a fully equipped bathroom, while the upper floor is reserved for the main living area, the office, and the library. The building was conceived as a simple box, integrated into its natural setting. Strips of windows appear on the façade in different patterns, framing different views of the landscape. On the ground floor, windows emphasizing the landscape's verticality of the landscape look out on the woods, while on the upper floor, light from the north reaches the high windows, filtered through the leaves.

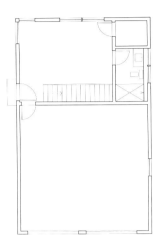

Begane grond Rez-de-chaussée Ground floor

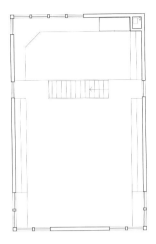

Eerste verdieping Premier étage First floor

Lengtedoorsnede Section longitudinale Longitudinal section

Dwarsdoorsnede Section transversale Cross section

Door de houten buitenmuur te gebruiken als meubelstuk, heeft de architect elk onderdeel op basis van zijn afmetingen en eigenschappen ten volste benut.

En traitant l'ossature en bois extérieure comme un meuble, l'architecte a tiré parti de chaque élément à partir de ses dimensions et propriétés physiques.

By treating the wooden outer shell as if it were a piece of furniture, the architect took full advantage of each element, on the basis of its dimensions and physical properties.

De interieurdetails zijn eenvoudig en sober, hetgeen de sfeer van een rustig toevluchtsoord in de bossen versterkt.

Les détails intérieurs sont simples et austères, soulignant l'idée d'un havre de paix entouré de bois.

The interior details are simple and austere, reinforcing the idea of a quiet refuge in the woods.

Arrowleaf Huis
Maison Arrowleaf
Arrowleaf House

James Cutler

Het doel van dit project was de bouw van een klein en bescheiden huis dat in de natuurlijke omgeving past en goed wooncomfort biedt. De paalwoning rust op tien pijlers van versterkt beton. In wezen bestaat het houten huis op dit fundament uit een doos met een puntdak erop. Er zijn twee openingen in het fundament: een aan de zuidkant geeft toegang tot het huis zelf; een grotere aan de noordkant komt uit op een terras met panoramisch uitzicht. Het huis heeft een eenvoudige indeling op twee niveaus. Op het eerste niveau bevinden zich de keuken, eetkamer en woonkamer, allemaal in een enkele ruimte. Het tweede bevat de badkamer en de twee slaapkamers, waarvan er een door muren is afgeschermd, terwijl de ander direct op de woonkamer uitkijkt. De badkamer met toilet, de trap en een deel van het meubilair nemen de zijwanden in beslag, waardoor op binnenruimte wordt bespaard en de aandacht naar de toegang tot het terras wordt getrokken.

Le but de ce projet était de construire une petite maison modeste, respectant l'environnement et dotée de tout le confort nécessaire. La construction est posée sur dix piliers en béton armé qui la surélèvent ainsi du sol. La maison assise sur ce socle, a la forme d'une boîte avec un comble sur pignon tout en bois. La base comprend deux ouvertures : une sur le côté sud qui permet d'accéder à l'intérieur et une autre, plus large, sur le côté nord qui donne sur une terrasse avec une vue panoramique. Le plan intérieur est simple et s'articule sur deux niveaux. Au niveau inférieur, la cuisine, la salle à manger et le salon occupent un espace unique. Le niveau supérieur abrite la salle de bains et deux chambres, l'une fermée et l'autre ouverte directement sur le salon. Salle de bains, toilettes, escalier et une partie du mobilier sont disposés le long des murs latéraux, libérant ainsi l'espace intérieur pour que les regards convergent vers le point de mire : la terrasse.

The aim of this project was to construct a small, modest building that would respect the natural environment while providing all the comforts of a home. The building is raised off the ground by ten reinforced concrete pillars. The house that stands on this base slab is essentially a box with a gable roof, both made of wood. The base has two openings: One on the southern side provides access to the interior while a larger one on the northern side opens onto a terrace with a panoramic view. The interior is a simple layout on two levels. Entering the lower section, the kitchen, dining room, and living room, are all laid out in a single space. The second level contains the bathroom and the two bedrooms, one of which is enclosed while the other opens out directly onto the living room. The bath and toilet, the stairway, and part of the furniture take up the lateral walls, freeing the interior space and focusing attention on the exit to the terrace.

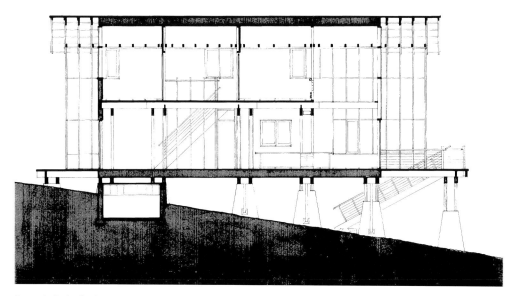

Doorsnede Section Section

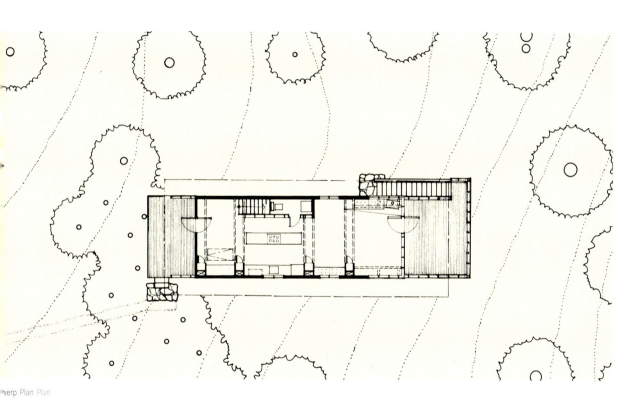

e buitenkant van het huis is met het oog op het maken van een subtiel patroon zorgvuldig afgewerkt met smalle stroken hout.

omposée de fines lamelles de bois, la finition de la surface extérieure est très soignée, créant une texture optique tout en subtilité.

ne exterior surface has been carefully finished with thin wood strips to create a delicate visual texture.

Van het terras leidt een trap omlaag naar de grond, waar een pad direct naar het bos voert.

Un escalier descend directement de la terrasse vers le sol où un chemin mène à la forêt.

A stairway descends from the terrace to the ground, where a path leads straight into the forest.

☐ Klein huis
Petit maison
Small House

Bauart Architekten

Het project is een prefab huis dat overal kan worden neergezet en naar behoefte kan worden aangepast. Voor een gezin kan men het groter maken, maar het kan ook worden omgetoverd tot een kantoor of een vrijstaand eenpersoonshuisje. Het project richtte zich op veelzijdigheid, vervoer en montage. Het huis lijkt op een rechthoekige container, waarin ruimte en functionele efficiëntie zijn geoptimaliseerd. Elke buitenmuur heeft een raam dat de ruimte met zijn omgeving verbindt en tegelijkertijd zonlicht doorlaat en voor ventilatie zorgt. De constructie bestaat uit een systeem van prefab houten raamwerken, die zijn afgewerkt met houten panelen en strips. De eveneens prefab funderingen kunnen ter plaatse in elkaar worden gezet. Het opbouwen van het hele huis is in één dag te doen. Bovendien kan het dankzij zijn weloverwogen constructie en zijn afmetingen overal heen vervoerd worden. Kortom, een eenvoudige maar zeer comfortabele woning.

Ce projet promu par le bureau Architectureforsale, est une habitation préfabriquée qui peut être installée partout au gré des besoins : agrandissement d'une maison de famille, maison individuelle pour une personne ou bureaux privés. Polyvalence, facilité de transport et d'assemblage sont les principaux atouts du projet. La maison est un petit container aux dimensions rectangulaires, optimisé pour obtenir un maximum d'efficacité fonctionnelle et spatiale. Chacun des quatre murs extérieurs dispose d'une grande fenêtre, lien entre l'espace et l'environnement et, en même temps, source de lumière naturelle et de ventilation pour toutes les pièces. L'ossature se compose d'un système de châssis de bois préfabriqués, recouverts de panneaux et de lattes de bois. Les fondations, également préfabriquées, peuvent être assemblées sur place et la maison entière est constructible en une journée. Grâce à sa structure parfaitement étudiée et à ses dimensions, elle peut être déplacée partout. En bref, c'est une maison simple mais très confortable.

This project, promoted by Architectureforsale, is a prefabricated home that can be set up anywhere and is adaptable to different needs, like the extension of a growing family's home, an independent house for one person, or a private office. Versatility, ease of transport, and simple assembly were the project's main objectives. The home is a small container with regular rectangular proportions, optimized for maximum spatial and functional efficiency. Each of the four outside walls has a large window connecting the space to the surroundings while providing natural light and ventilation to all the rooms. The structure consists of a system of prefabricated wooden frames finished with wooden panels and strips. The foundations, also prefabricated, can be assembled on site, and the whole house can be put up in a single day. Moreover, the carefully planned structure and the dimensions of the building allow it to be moved anywhere. In short, it is a simple but very comfortable home.

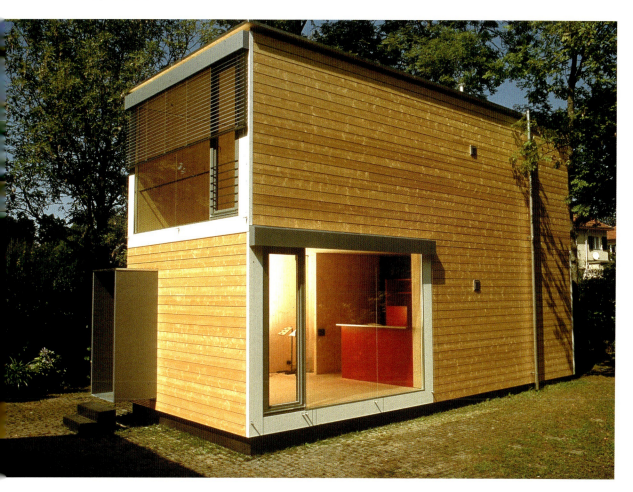

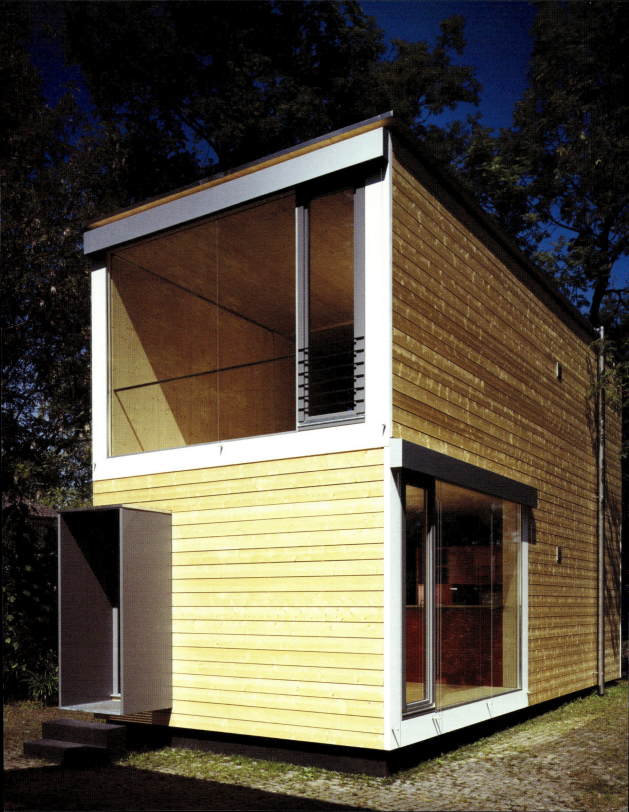

Lengtedoorsneden Sections longitudinales Longitudinal sections

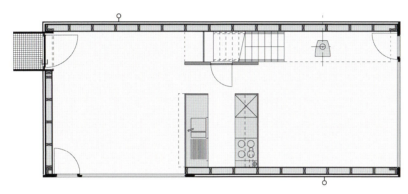

Begane grond Rez-de-chaussée Ground floor

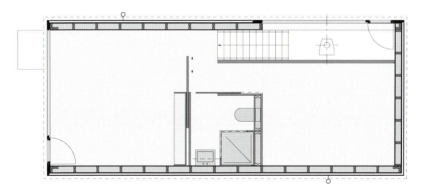

Eerste verdieping Premier étage First floor

De grote ramen zorgen voor een hechte relatie met buiten en doen het huis vanbinnen groter lijken.

Les baies vitrées établissent un lien étroit avec l'extérieur, tout en accentuant l'impression d'espace intérieur.

The large windows ensure a close relationship with the exterior while making the interior seem much bigger.

De uitdaging was om met behulp van prefab, gemakkelijk in elkaar te zetten onderdelen een compact huis te creëren dat tegelijkertijd comfortabel en multifunctioneel was.

Le défi à relever était de créer une maison compacte, en éléments préfabriqués facilement mis en place, confortables et adaptables aux divers besoins.

The main challenge was to create a compact home with prefabricated components that would be easy to put together but very comfortable and adaptable to different needs.

De materialen aan de buitenkant zijn ook binnen gebruikt om een warme, gezellige sfeer te creëren.

Les matériaux utilisés pour la structure extérieure se retrouvent à l'intérieur pour procurer une atmosphère chaleureuse et confortable.

The materials on the outer structure are also used indoors to create a warm, comfortable atmosphere.

Boomhut
Cabane
Tree House

Dawson Brown Architecture

Het idee achter de uitbreiding van dit zomerhuisje uit de jaren '20 was dat de bestaande constructie en de natuurlijke omgeving zo veel mogelijk behouden moesten blijven. De eigenaren vonden het huis zelfs als tijdelijke woning te klein. Uiteindelijk kwamen de architecten met een plan om de uitbreiding, een smalle, houten constructie als een boomhut, apart van het huis te bouwen. Hierdoor was het mogelijk de bestaande afmetingen van het huis te behouden en een constructie met een eigen karakter te creëren. De gebruikte materialen lijken op die van het huis, maar het uiteindelijke resultaat is heel anders. De overheersende verticale vorm van het nieuwe huisje vormt een contrast met de horizontale compositie van het oude. De hut kan worden bereikt via een trap vanaf de grond, of via een terras dat aan het oude huis grenst.

L'agrandissement de cette maison d'été des années 20, repose sur l'idée de conserver les valeurs structurelles existantes et de l'environnement naturel autant que faire se peut. Jugeant l'espace insuffisant, même pour une résidence secondaire, les propriétaires ont entrepris de l'agrandir. Après avoir étudié plusieurs possibilités, les architectes ont opté pour la conception d'une petite construction élancée en bois, séparée du bâtiment principal, à l'instar d'une cabane dans un arbre. Cette unité indépendante a permis de garder l'échelle de la maison existante et de créer une structure différente. Bien que les matériaux utilisés soient les mêmes que ceux de la maison d'origine, le résultat final est très différent. En effet, la verticalité, qui est l'âme du nouveau bâtiment, tranche avec la composition horizontale de l'ancien. Un escalier partant du sol ou d'une terrasse reliée à l'ancienne maison par une extension, permet d'accéder à la cabane.

The idea behind the extension of this 1920s summer house was to preserve the values of the existing structure and its natural setting as much as possible. The owners found the space insufficient, even for a temporary residence, and decided to enlarge it. After studying several possibilities, the architects arrived at a plan in which the extension, a small, slender wooden construction, would be separate from the main building, like a tree house. This independence made it possible to preserve the scale of the existing house and create a structure with its own personality. Although the materials used are similar to those of the original house, the final result is very different and the verticality that predominates in the new building contrasts with the horizontal composition of the old one. The cabin can be reached via stairs from the ground or a terrace at its base that extends from the old house.

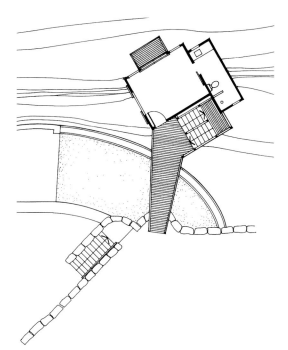

Begane grond Rez-de-chaussée Ground floor

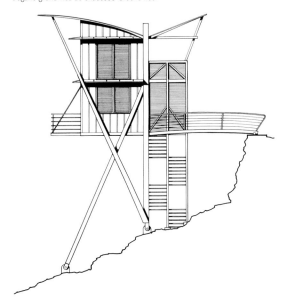

Verhoging Élévation Elevation

Het nieuwe bouwwerk doet zijn voordeel met het uitzicht op de omliggende bossen en de open zee, die vanuit het al bestaande huis niet te zien zijn.

La nouvelle construction a optimisé les vues sur la forêt environnante et sur la mer, inexistantes dans la maison antérieure.

The new building took advantage of the views of the surrounding forest and the open sea previously unavailable to the pre-existing house.

De Boomhut, bestaande uit houten onderdelen die in metaal verankerd zijn, is met bijzondere aandacht gebouwd om de invloed op zijn natuurlijke omgeving zo veel mogelijk te beperker

La cabane, faite d'éléments de bois accrochés par des fixations de métal, a été construite en minimisant son impact sur la nature.

The tree house, made of wooden components anchored with metal parts, was built with special care to minimize the impact on its natural setting.

De overheersende verticale vorm van het nieuwe bouwwerk vormt een contrast met de horizontale compositie van het oude huis.

La verticalité qui caractérise la nouvelle construction, tranche avec l'horizontalité de l'ancienne maison.

The verticality predominant in the new building contrasts with the old house's horizontal composition.

☐ Straalbreker
Maison Réfraction
Refraction House

Kiyoshi Sey Takeyama

De constructie van eenpersoonshuizen is in Japan heel gebrui-kelijk geworden. Het zijn vaak langwerpige ruimten met weinig binnenmuren. Dit huis is in opdracht van een restauranteige-naar gebouwd in een typische woonwijk aan de rand van Nagoya. De buitenkant bestaat volledig uit een schuin, metalen omhulsel, met zinken zijkanten en gevels van geoxideerd staal. De hoofdruimten, die met elkaar verbonden zijn door een glazen gang, worden in evenwicht gehouden door een rechthoekige, betonnen toren. In het grote gedeelte bevindt zich de woonruim-te, terwijl de begane grond van de toren bestemd is voor gasten. De gastenbadkamer bevindt zich op de bovenverdiepingen. De muren hiervan zijn wit geschilderd en op de vloeren liggen diver-se materialen: keramische tegels, houten panelen, tatamimat-ten, gepolijst beton en bamboe. Specifieke elementen, zoals de schuin aflopende zuilen en de lange gangen, benadrukken de eenvoud en kracht van dit ontwerp.

Au Japon, il est monnaie courante de construire des maisons pour une personne : espaces souvent allongés, conçus selon un plan ouvert et fluide. Cette maison, commandité par le proprié-taire d'un restaurant, est construite dans un quartier résidentiel typique de la banlieue de Nagoya. La coque extérieure est entiè-rement composée d'un manteau métallique oblique, doté de côtés en zinc et de façades en acier oxydé. A l'arrière, la tour de béton fait contrepoids à l'espace principal abritant la résidence et y est reliée par une passerelle en verre. L'étage inférieur de la tour est consacré aux invités. Leur salle de bains se trouve à l'étage supérieur. Les murs blancs de ces espaces tranchent avec les sols aux matériaux divers : tuiles en céramique, pan-neaux boisés, tapis tatami, béton poli et bambous. Des élé-ments isolés à l'instar des colonnes obliques et des longs pas-sages soulignent la simplicité et la rigueur qui émanent de la construction.

The construction of single-person houses has become very common in Japan and these spaces tend to be elongated, con-tinuous and open-plan. This house was commissioned by the owner of a restaurant and built in a typical residential area on the outskirts of Nagoya. Its outer shell is entirely composed of inclined metallic casing, with zinc sides and façades in oxidized steel. A rectangular concrete tower at the back balances the main areas, which are linked by a glass passageway. While the main space contains the residence, the lower floor of the tower is dedicated to receiving guests. The guest bathroom is located on the upper floors. The walls of these areas are painted white, while the floors feature a variety of materials: ceramic tiles, wooden panels, tatami mats, polished concrete, and bamboo canes. Individual elements such as the slanted columns and the long walkways emphasize the simplicity and strength with which this residence is built.

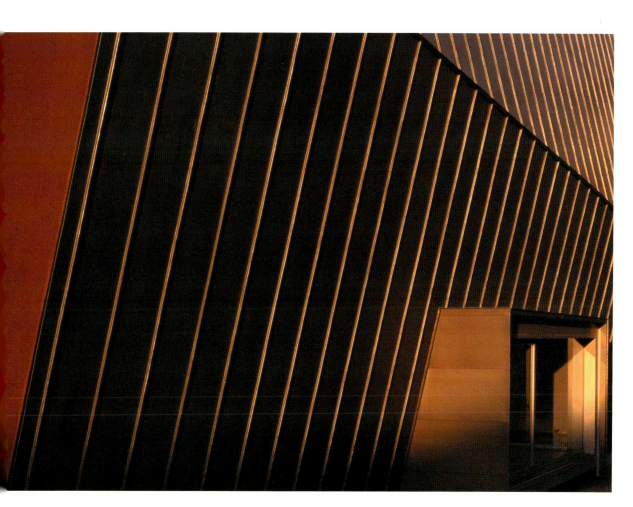

De buitenkant bestaat volledig uit schuin, metalen afwerkmateriaal. De zijkanten zijn van zink en de gevels van geoxideerd staal.

La coque extérieure est entièrement habillée de métal incliné. Les côtés sont en zinc et la façade en acier oxydé.

The outer shell is entirely composed of an inclined metallic siding, with the sides in zinc and the façades in oxidized steel.

De Straalbreker bij nacht: het raam is verlicht, alsof het een oogje in het zeil houdt.

Vue de la maison Réfraction la nuit : la fenêtre s'illumine, à l'instar d'un œil qui surveille.

View of the Refraction house at night: the window lights up, like an eye peering out to keep watch.

muren en het plafond van de badkamer zijn van beton. De vloeren zijn bedekt met keramische tegels en benadrukken zo de eenvoud en kracht van dit ontwerp.

surface de la salle de bains est en béton et les sols sont en carreaux de céramique, soulignant la simplicité et la sobriété de la construction.

bathroom surface is made of concrete while the floors feature ceramic tiles, emphasizing the simplicity and strength on which this residence is built.

☐ Vakantiehuisje in Furx
Maison de vacances à Furx
Vacation Home in Furx

Marte.Marte Architekten

Wat op het eerste gezicht een bescheiden, gesloten woning lijkt die doet denken aan de naburige huizen in deze Oostenrijkse provincie, was eigenlijk een ontwerpoefening. Het hoofdthema daarvan was de opstelling van de openingen aan de buitenkant. Het perceel ligt op een bergtop, reden voor de ontwerpers om het huis in dezelfde stijl te bouwen als de omliggende huizen waarop men vanuit het huis uitkijkt. De vier grootste, glazen oppervlakken produceren vier reeksen beelden. De architecten beschrijven ze als vier lenzen met elk een ander belichtingsmechanisme. De indeling van de eenvoudige, sobere woning is gebaseerd op een kruis. Er zijn vier ruimten die open en met elkaar verbonden zijn. Elke kamer heeft een blinde muur en een raam dat door het verstelbare paneel zowel naar binnen als naar buiten een diepte-effect heeft. Dit effect, dat aan alle kanten herhaald wordt, geeft het huis een stevige en magische uitstraling.

Ce qui, à première vue, semble être une structure fermée et modeste, identique aux maisons environnantes de cette province d'Autriche, est en réalité un exercice de design axé sur l'agencement des ouvertures extérieures. Le terrain situé au sommet de la montagne a permis aux designers de jouer sur les vues tout en intégrant la construction à l'architecture typique des petites maisons de la région. A l'instar de quatre séries d'images, les quatre principales surfaces de verre de la maison sont conçues par les architectes comme quatre lentilles d'objectif, réglées sur différents temps d'expositions. A l'intérieur de cette unité austère et pure, le tracé cruciforme est doté de quatre espaces ouverts qui communiquent entre eux. Chaque pièce a une surface fermée et une fenêtre créant un effet de profondeur à l'intérieur comme à l'extérieur, grâce à la position modulable du carreau. Cet effet, répété sur les quatre côtés, accentue l'aspect magique de l'édifice.

What at first sight seems to be a closed, modest structure, very similar to the neighboring houses in this Austrian province, is really an exercise in design, the principal theme of which is the arrangement of the exterior openings. Since the plot is located on a mountain top, the designers took advantage of the views while integrating the building with the architecture typical of small houses in the region. The house's four main glass surfaces produce four sets of images; the architects describe them as four lenses with different exposure mechanisms. Inside this plain, austere unit, the layout is based on a cross, with four spaces that are open and connected to each other. Each room has a closed surface and a window that creates an effect of depth from both inside and outside, as the position of the pane can be changed. This effect, repeated on all four sides, gives the building a solid, magical appearance.

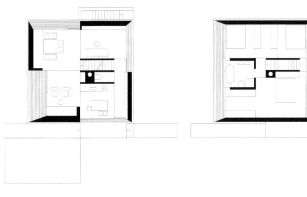

Ontwerp Plan Plan

Begane grond Rez-de-chaussée Ground floor

Eerste verdieping Premier étage First floor

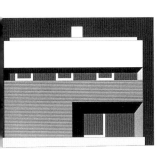

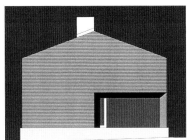

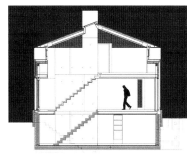

Doorsnede Section Section

Verhoging Élévation Elevation

Het monolithische uiterlijk van het huis is een oplossing voor de problemen die deze plek met zich meebrengt. Tegelijkertijd past het bij het sobere uiterlijk van de naburige huizen.

L'aspect monolithique de la maison résout la question de son emplacement, en l'assimilant aux structures environnantes.

The house's monolithic appearance solves the problems related to its placement while blending with the austere look of the neighboring structures.

Het huis, dat grotendeels uit geprefabriceerde onderdelen bestaat, steunt op een betonnen draagvlak dat zowel de fundering vormt als het huis boven de grond houdt.

La maison, une structure en grande partie faite d'éléments préfabriqués, repose sur un socle de béton qui, à l'instar de fondations, la surélève du sol.

The house, for the most part a structure made of prefabricated elements, is supported on a concrete base that serves as a foundation but keeps it off the ground.

e kamer heeft een blinde muur en een raam dat zowel naar binnen als naar buiten een diepte-effect heeft.

aque pièce est dotée d'une surface fermée et d'une fenêtre créant un effet de profondeur à l'intérieur comme à l'extérieur.

ch room has a closed surface and a window that creates an effect of depth from both inside and outside.

☐ Levis woning
Maison Levis
Levis House

UdA and Davide Volpe

Op de plek van een kleine, oude hooizolder heeft Studio UdA een twee etages tellend bouwwerk neergezet dat volgens het ontwerp een filter moest zijn tussen landschap en architectuur. De klant wilde dat een aantal ruimten werd behandeld als een uitbreiding van het bestaande gebouw. Beide vloeren werden uitgerust met een buitentrap en verbonden met de hoeve. De indeling was eenvoudig: de keuken, badkamer en woonkamer op de eerste verdieping, de eetkamer en het terras op de tweede. Omdat het gebouwtje in een boomgaard en aan de rand van een berghelling met uitzicht op de Alpen staat, werden de nieuwe kamers voorgesteld als filters die van de interne, oorspronkelijke ruimten geleidelijk leiden naar de grens tussen de constructie en het weidse landschap. Beide zijkanten van het huis rusten op een laag steentjes; de voorgevel biedt uitzicht op een verzorgde tuin met bomen en struikjes.

Sur le site d'un ancien petit fenil, le Studio UdA a construit un édifice de deux étages, conçu à l'instar d'un filtre entre le paysage et l'architecture. A la demande du client, plusieurs espaces ont été conçus comme le prolongement fonctionnel du bâtiment déjà existant. Les deux étages dotés d'un escalier extérieur sont reliés à la ferme. La conception de l'intérieur est simple : rez-de-chaussée, cuisine, salle de bains et salon au premier étage, la salle à manger et la terrasse au deuxième. Entourées d'un verger et situées en haut d'une colline face aux Alpes, les nouvelles pièces du bâtiment ont été conçues à l'image d'un filtre passant graduellement des espaces intérieurs fermés de l'édifice initial vers les espaces qui délimitent la structure et la vaste étendue de terre. Les deux côtés de la maison reposent sur un lit de petites pierres tandis que la façade principale s'ouvre sur jardin paysager, orné d'arbres et de petits buissons.

On the site of a small, old hayloft, Studio UdA put up a two-story building whose composition was conceived as a filter between landscape and architecture. The client requested that several spaces be treated as extensions to the functions of the existing building. Both floors were fitted with an outdoor staircase and linked to the farmstead. The interior layout was straightforward: the ground floor, kitchen, bathroom and living room on the first floor, and the dining room and terrace on the second. As the building is surrounded by an orchard and situated on the edge of a slope facing the Alps, the new rooms were envisioned as filters that gradually lead from the enclosed interior spaces of the original building to the boundary between the structure and the vast stretch of land. Both sides of the house rest on a bed of small stones, while the main façade opens onto a landscaped garden of trees and small shrubs.

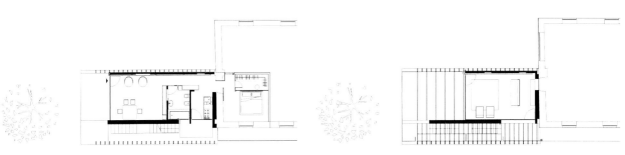

egane grond Rez-de-chaussée Ground floor

Eerste verdieping Premier étage First floor

engtedoorsnede Section longitudinale Longitudinal section

Verhoging Élévation Elevation

] Dit huis, dat aan een al bestaand dorpshuis is gebouwd, wordt beschermd door een laminaatstructuur. Het wordt omgeven door een prachtig verzorgde tuin.

Cette maison, annexée à une construction rurale préexistante est protégée par une structure en bois laminé et entourée d'un jardin magnifiquement bien agencé.

This house, annexed to a pre-existing rural building, is sheltered by a laminated wood structure and surrounded by a beautifully landscaped garden.

De gevel waarin zich de voordeur bevindt, bevat een glazen muur waarachter zowel een sobere eetruimte te zien is als een balkon dat aan de slaapkamer grenst.

Un mur de verre, incorporé à la façade principale, expose la salle à manger minimaliste ainsi que la terrasse supérieure adjacente à la pièce.

The entrance façade incorporates a glass wall that exposes the minimalist dining area as well as an upper terrace adjoining the bedroom.

☐ Coelho-huis
Maison Coelho
Coelho House

Andrade & Morettin

Dit huis bestaat uit twee met elkaar verbonden delen, die langs een as in de lengte zijn gezet. Het hoofdgedeelte is een hal, bestaande uit een jatobahouten raamwerk met lichte panelen van polycarbonaat. Dit doorzichtige 'vlies' maakt in een van de hoeken plaats voor glas, waardoor een nabijgelegen meer te zien is. Een gordijn waarmee men soms een donkere, meer privé-ruimte creëert, bepaalt de grenzen van een slaapgedeelte. Om redenen die de vorm en constructie betreffen, staat deze 'lichtbox' iets boven de grond, terwijl het zwevende, golvende, bladmetalen dak bijdraagt aan het idee van gewichtloosheid. Het idee achter het ontwerp van de ruimte waarin zich de keuken, waskamer, badkamer en gastanks bevinden, was een rots die uit de grond steekt in de vorm van brede, keramische muren en het grote paviljoen beschermt tegen de middagzon.

Cette maison comporte deux volumes reliés entre eux le long d'un axe longitudinal. Le foyer est le corps principal, formé d'une charpente en bois de jatoba entourée de panneaux légers en poly carbonate. Dans un de ses angles, cette membrane translucide cède la place à la transparence du verre qui encadre la vue au-dessus d'un lac situé à proximité. Un rideau sert de séparation occasionnelle à un espace sombre et plus privé, la sphère de la chambre à coucher. Pour des raisons à la fois de forme et de construction, cette boite légère, surplombe le sol grâce à un support et le toit flottant en feuille de métal ondulé, souligne l'effet de légèreté. La zone de services comportant la cuisine, la laverie, la salle de bains et la cuve à gaz, est conçue comme un rocher émergeant du sol sous la forme de murs blancs en céramique, protégeant ainsi le pavillon des rayons du soleil de l'après-midi.

This house consists of two interconnected volumes arranged along a longitudinal axis. The main body is a foyer, consisting of a jatobá timber framework surrounded by light, polycarbonate panels. This translucent membrane gives way at one of its corners to the transparency of glass, framing the view over a nearby lake. A curtain that occasionally defines a dark, more private environment establishes the limits of the bedroom area. For both formal and constructional reasons, this light box stands above the ground on a support, while the floating corrugated, sheet-metal roof contributes to the effect of weightlessness. The service area, containing the kitchen, washroom, bathroom and gas tanks, is conceived as a rock that emerges from the ground in the form of wide ceramic walls, thus protecting the main pavilion from the rays of the afternoon sun.

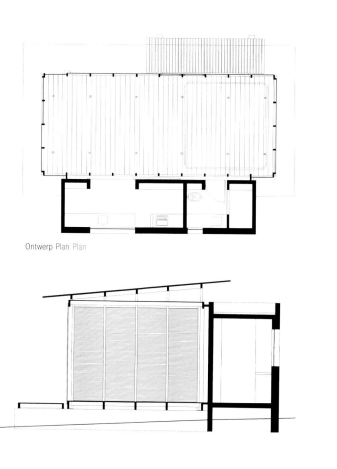

Ontwerp Plan Plan

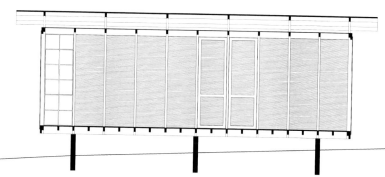

Doorsneden Sections Sections

Het vertekende beeld van de panelen van polycarbonaat geeft het huis iets tussen abstractie en realiteit.

La perception déformée des panneaux de poly carbonate inscrit la maison entre abstraction et réalité.

The distorted perception of the polycarbonate panels places the house somewhere between abstraction and reality.

Door de verschillende gradaties van transparantie van de wanden kan dit architectonische object op meer dan één manier worden geïnterpreteerd.

Les diverses possibilités de lecture de cette œuvre architecturale sont dues aux différents degrés de transparence de son revêtement.

The various possible readings of this architectural object are evoked by the different degrees of transparency of its skin.

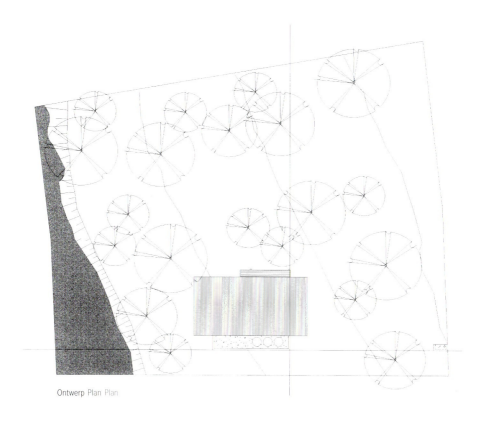

Ontwerp Plan Plan

Huis in Ithaca
Maison Ithaca
Ithaca House

Simon Ungers

Startpunt bij dit project was de wens om midden in het onafzienbare, New Yorkse provincielandschap een monolithische, beeldhouwwerkachtige constructie neer te zetten. Om zo veel mogelijk te profiteren van een nabijgelegen ravijn en de bossen, die een derde van het perceel beslaan, werd het huis aan de rand van het stuk grond gebouwd. Het huisje, dat gebruikt zou worden als vakantie- of weekendhuisje, is over twee verdiepingen verdeeld. Op de begane grond van dit kubusachtige bouwwerk zijn parkeerruimte en een klein kantoortje gemaakt. Boven bevinden zich de keuken, badkamer, woonkamer en slaapkamer. De laatste wordt met lage boekenplanken van de rest afgescheiden. De buitenmuren bestaan uit betonblokken en om het stoere, stevige uiterlijk van het huis te benadrukken, bevatten ze zo min mogelijk voegen. Het dak wordt als terras gebruikt. Van daar af heeft men een fantastisch uitzicht op het dal, de bossen en het ravijn en is men toch beschut tegen de woeste omgeving.

L'architecte a eu l'idée de créer une habitation dotée d'une structure compacte de panneaux d'aluminium, munis d'ouvertures extérieures réglées par un système de contrôle précis, dans un souci d'harmonie entre la maison et le dock d'un canal navigable. Deux grandes ouvertures au nord et à l'est brisent le caisson en métal créant ainsi une sensation d'espace. A l'intérieur, le choix des matériaux légers engendre un espace très chaleureux. Le sol de la cuisine est recouvert de panneaux de béton rouge foncé, couleur qui se retrouve dans les meubles de cuisine et dans la zone centrale, avec la cheminée. Dans la partie ouest de la maison, la salle de bains et les chambres alignées débouchent sur un couloir. Plutôt que d'être concentrés en un point, les corridors traversent tout l'espace. Par simple pression sur un bouton, un escalier escamotable en acier permet d'accéder à un petit loft, ce qui n'est pas sans rappeler l'aspect nautique de l'ensemble.

The conceptual starting point for this project was the desire to create a monolithic, sculpture-like structure in the midst of this vast, upstate New York landscape. To take the best advantage of the views of a nearby ravine and the woods that cover a third of the property, the house was situated at the edge of the lot. The home, used as a getaway for short periods or on weekends, is divided into two levels. On the ground floor of this cube-like structure there is a parking area and a small office, while the upper floor houses the kitchen, bathroom, living room, and bedroom, separated from the rest of the space by low shelves. The exterior consists of concrete blocks with a minimum of joints, emphasizing the building's sturdy, solid structure. The roof is used as an outdoor terrace. From here, one can enjoy splendid views of the valley, the woods, and the ravine and still be shielded from the untamed surroundings.

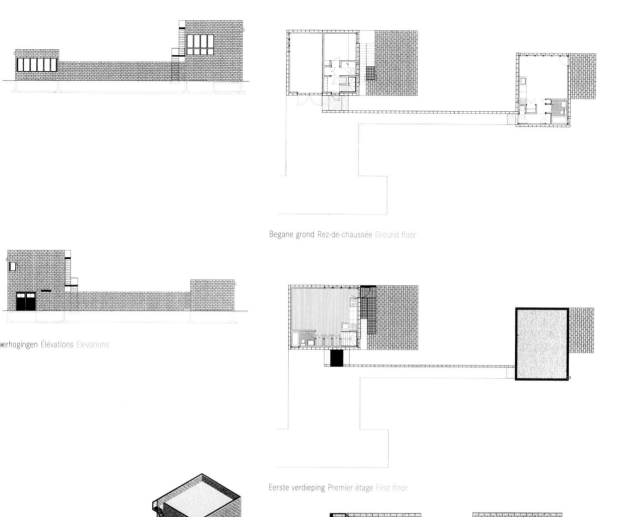

Begane grond Rez-de-chaussée Ground floor

verhogingen Élévations Elevations

Eerste verdieping Premier étage First floor

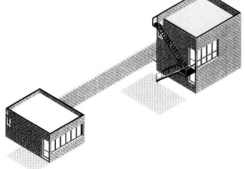

erspectief Perspective Perspective

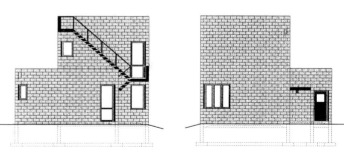

Verhogingen Élévations Elevations

Het idee was een simpel, sterk, gelijkmatig bouwwerk te maken, dat kon dienen als kleine woning en waarin het uitgestrekte landschap een overheersende rol zou spelen.

Le concept de base de cette construction repose sur une forme simple, compacte et uniforme, pour créer une petite résidence où l'immense paysage environnant joue un grand rôle.

The building was conceived as a basic, solid, uniform shape with the aim of creating a small residence in which the vast landscape plays a dominant role.

Een smalle, metalen buitentrap, die zich duidelijk van het huis onderscheidt, verbindt de patio op de begane grond met de woonkamer en het dakterras.

Un escalier extérieur, étroit, se détachant de la masse de la maison, relie le patio du rez-de-chaussée au salon et à la terrasse de toit.

A narrow, metal outer staircase, standing out from the mass of the house, connects the ground floor patio with the living area and roof terrace.

binnen en buiten versterken de gebruikte materialen de indruk van een klein toevluchtsoord en monolithisch beeldhouwwerk.

intérieur comme à l'extérieur, les matériaux exaltent le double concept de petit refuge et de sculpture monolithique.

de and out, the materials reinforce the idea of a small refuge and monolithic sculpture.

e minimalistische benadering van de details en de afwerking weerspiegelen het basiskarakter van het huis.

approche minimaliste des détails et de la finition reflète parfaitement le caractère de la maison.

he minimalist approach to details and finishes fully reflects the basic character of the home.

☐ Knusse hut
Cabane confortable
Cozy Cabin

Wingårdh Arkitektkontor

Temidden van bomen en gevallen bladeren staat dit landhuisje, in een kleine stad in de buurt van het Zweedse Malmö. Vroeger was het een molen die bij een boerderij hoorde. Het heeft twee verdiepingen en het hoge, schuine dak is gebruikt om een entresol met een slaapkamer te maken. De gemeenschappelijke ruimte beneden bevat een woonkamer, keuken, badkamer en sauna. Een verborgen trap leidt naar de opvallende slaapkamer, die twee driehoekige muren heeft tussen het aan twee zijden sterk aflopende plafond. Afgezien van het glas, de betonnen open haard en de stenen vloer beneden is alles bekleed met licht, blank hout. Sommige vlakken hebben een andere nerf, doordat kleinere planken zijn gebruikt. Ze vormen hierdoor een contrast met de belangrijkste steunmuren. Aan de buitenkant ziet het huis eruit als een uitnodigende, warme hut, van binnen kijkt men uit op het pittoreske, Zweedse landschap.

Cette petite villa, située dans une petite ville en dehors de Malmö, en Suède, au cœur d'un charmant paysage boisé, tapissé de feuilles mortes, est en fait un ancien moulin de ferme. La maison, à deux niveaux, tire parti de la hauteur du toit pour y intégrer une chambre à coucher sur mezzanine. En bas, les parties communes comprennent le salon, la cuisine, la salle de bain et le sauna. Un escalier dissimulé conduit à une chambre spéciale, dotée de deux murs triangulaires coiffés d'un toit haut et pentu. L'ensemble, à l'exception de la cheminée en verre et béton et de l'escalier en pierre, est revêtu de boiseries naturelles et claires. A certains endroits, la texture du bois est diversifiée par l'ajout de plus petites lattes faisant ressortir ces espaces des principaux murs porteurs. Avec le charme extérieur d'une cabane accueillante et confortable, cette maison vous invite à en ouvrir les portes qui donnent sur la pittoresque campagne suédoise.

This small villa, located in a small town outside Malmö, Sweden, and surrounded by a charming setting of abundant trees and fallen leaves, was previously a mill that formed part of a farm. The house is divided into two levels, and takes advantage of the high, pitched roof to insert a bedroom into a mezzanine. The communal area downstairs includes the living room, kitchen, bathroom, and sauna. A concealed stairway leads to the distinctive bedroom, which has two triangular walls beneath steeply sloping ceilings. Everything, except the glass and concrete fireplace and the stone floor downstairs, is lined with a light, natural wood. In certain areas, the wood has been given a different grain by using smaller planks to set these spaces off from the main supporting walls. From the outside, the house has the appeal of an inviting, warm cabin, while its doors open out onto Sweden´s picturesque countryside.

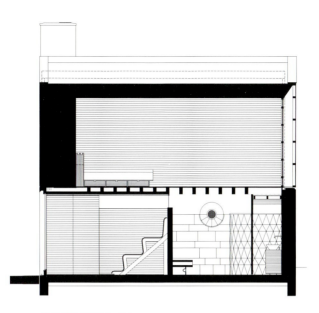

Doorsnede Section Section

Aan de buitenkant ziet het huis eruit als een uitnodigende, warme hut. De deuren leiden naar een vlonder dat boven het water van het nabijgelegen riviertje hangt.

De l'extérieur, la maison a des allures de cabane chaleureuse et accueillante. Ses portes s'ouvrent sur une plate-forme qui surplombe les eaux de la rivière voisine.

From the exterior, the house has the look of an invitingly warm cabin. Its doors open on to a platform standing over the waters of the nearby stream.

Op sommige plaatsen heeft het hout een andere nerf doordat kleinere plankjes zijn gebruikt. Ze vormen hierdoor een contrast met de belangrijkste steunmuren.

A certains endroits, le bois prend une nouvelle texture grâce à l'apport de lattes plus petites, pour créer un contraste entre ces parties et les principaux murs porteurs.

In certain areas, the wood has been given a different grain by using smaller planks, thereby contrasting these sections with the main supporting walls.

Door de overweldigende aanwezigheid van hout in de slaapkamer is er weinig decoratie nodig: een lekker bed, een plank en knusse verlichting zijn genoeg om de kamer een aangename sfeer te geven.

L'omniprésence du bois dans la chambre à coucher simplifie le décor : un lit confortable, une étagère et un éclairage intime suffisent à rendre la pièce accueillante.

The overwhelming presence of wood in the bedroom requires little else in the way of decoration: a comfortable bed, a shelf, and intimate lighting are enough to give the room a welcoming feel.

Fotoverantwoording Crédits photographiques Photo credits